冷凍・冷蔵がよくわかる

食材保存の大事典

牧野直子

池田書店

CONTENTS

PART 1 らくらく美味しい！冷凍食材メニュー

冷凍マジック食材で
おいしい楽しいスピードレシピ …………… 8

冷凍トマト＋冷凍いか　いかのトマト煮 …………… 10
冷凍トマト＋冷凍ゆでだこ　たこのトマトマリネ …………… 11
冷凍豆腐＋冷凍ピザ用チーズ　豆腐グラタン …………… 12
冷凍豆腐　豆腐ともやし、ツナのチャンプルー …………… 12
冷凍長いも　納豆とろろ …………… 13
冷凍長いも　うなトロ和え …………… 13
冷凍きのこ＋冷凍殻つきあさり
　あさりときのこのパスタ …………… 14
冷凍きのこ＋冷凍玉ねぎ
　きのこと玉ねぎのスパニッシュオムレツ …………… 15
冷凍きのこ　きのこのスープ …………… 15
冷凍卵　卵温麺 …………… 16
冷凍卵　卵のシーザーサラダ …………… 16
冷凍レモン＋冷凍玉ねぎ
　鶏肉のレモンクリーム煮 …………… 17

自家製野菜ミックスでラクラク！
ボリュームおかず …………… 18

冷凍キャベツミックスとソーセージのポトフ風 …………… 18
冷凍キャベツミックスとさけのフライパン蒸しBBQ味 …………… 19
冷凍根菜ミックスと牛こま肉のきんぴら …………… 20
冷凍根菜ミックスのクイック豚汁 …………… 21

下味冷凍おかずの素で広がる
メニューバリエーション …………… 22

豚肉の甘酒みそ漬けの素 …………… 22
　豚肉の甘酒みそ漬け焼き …………… 22
　ホイコーロー風 …………… 23
　クリーム煮 …………… 23

今日はどの味？　和・洋・中の
下味冷凍おかずの素 …………… 24

和風鶏ひき肉の素 …………… 26
　トマたま炒め …………… 26
　ピーマンの肉詰め焼き …………… 27

洋風合いびき肉の素 …………… 28
　煮込みハンバーグ風 …………… 28
　タコライス …………… 29

中華風豚ひき肉の素 …………… 31
　クイック麻婆なす …………… 30
　ジャージャー麺 …………… 31

牛ごぼうしょうがしょうゆ風味の素 …………… 32
　肉豆腐 …………… 32
　牛丼 …………… 33
　ハッシュドビーフ …………… 33

エビとパプリカのねぎ塩だれの素 …………… 35
　エビとパプリカのねぎ塩焼き …………… 34
　エビとパプリカと卵の炒め物 …………… 34
　エビとパプリカのねぎ塩焼きそば …………… 35

鶏肉のカレーヨーグルト漬けの素 …………… 36
　キャベツ蒸し …………… 36
　鶏肉のカレーヨーグルト漬け焼き …………… 37
　トマト煮込み …………… 37

すぐ食べたい！が叶う
冷凍調理済みおかず ……… 38

主菜
鶏肉のくわ焼き ……… 38
　お弁当　鶏肉のくわ焼き+切り干し大根のソース炒め

豚ヒレ肉の塩麹漬け焼き ……… 40
プルコギ ……… 41
かじきのピカタ ……… 42
エビのチリマヨ炒め ……… 43
油揚げ餃子 ……… 44

副菜
青菜のごま和え ……… 45
焼きねぎ、パプリカのマリネ ……… 45
揚げなすのみそ和え ……… 46
ピーマンとちくわのきんぴら ……… 46
わかめの炒めナムル ……… 47
にんじんとツナのシリシリ ……… 47
ジャーマンポテトサラダ ……… 48
きのこのオイルマリネ ……… 48
切り干し大根のソース炒め ……… 49
長いものベーコン巻き ……… 49

冷凍作りおきおかずでラクラクお弁当5days
油揚げ餃子　青菜のごま和え ……… 50
かじきのピカタ　焼きねぎ、パプリカのマリネ ……… 50
エビのチリマヨ炒め　ピーマンとちくわのきんぴら
　長いものベーコン巻き ……… 51
豚ヒレ肉の塩麹漬け焼き
　にんじんとツナのシリシリ ……… 51
プルコギ　わかめの炒めナムル ……… 51

COLUMN　市販冷凍食品の上手な買い方&使い方 ……… 52

PART 2
食材長持ち！
冷蔵・冷凍の基本

食品冷蔵の基本 ……… 54
肉・魚・野菜　素材別冷蔵保存のコツ ……… 55
「きちんと保存」でどれだけ違う？
野菜の1週間保存大実験 ……… 57
野菜の保存大実験　実験結果 ……… 58
食品冷凍基本の7か条 ……… 60
冷凍保存の基本の3STEP ……… 62

COLUMN　よく使う冷蔵・冷凍保存グッズ ……… 68

PART 3
野菜・肉・魚介類・卵・乳・加工品
素材別冷蔵・冷凍法

野菜・果物
青菜類 ……… 70
　活用RECIPE　ほうれん草とベーコンのガーリック炒め
　冷凍作りおきおかずRECIPE　小松菜の煮びたし
　アレンジRECIPE　小松菜の煮びたし卵とじ
アスパラガス ……… 72
うど ……… 72
オクラ ……… 73
　活用RECIPE　とろろポン酢
かいわれだいこん ……… 73

かぶ	74
活用RECIPE　白菜とかぶの甘酢サラダ	
かぼちゃ	75
活用RECIPE　かぼちゃのポタージュ	
きのこ	76
冷凍作りおきおかずRECIPE　きのこの甘辛煮	
アレンジRECIPE　きのこの和風オムレツ	
キャベツ	78
きゅうり	79
クレソン	79
ゴーヤ	80
ごぼう	80
さつまいも	81
活用RECIPE　さつまいものお焼き	
さといも	82
活用RECIPE　さといものごま揚げ	
じゃがいも	83
活用RECIPE　ひき肉とじゃがいもの揚げ物	
せり	84
セロリ	84
活用RECIPE　セロリともやしのナムル	
活用RECIPE　セロリとベーコンのトマトパスタ	
活用RECIPE　セロリとささみのカレーマヨ和え	
だいこん	86
活用RECIPE　菜飯	
たけのこ（水煮）	87
玉ねぎ	88
活用RECIPE　豚こまと玉ねぎのケチャップ和え	
活用RECIPE　ごぼう入り豚丼	
活用RECIPE　オニオングラタン風スープ	
とうもろこし	89
トマト	90
冷凍作りおきRECIPE　トマトソース	
長いも、山いも	91
活用RECIPE　長いもとベーコンのみそ汁	
長ねぎ、万能ねぎ、わけぎ	92
活用RECIPE　なすの簡単揚げだし	
なす	93

活用RECIPE　なすのピザ風	
にら	94
にんじん	94
にんにくの芽	95
白菜	96
ピーマン、ししとう	97
活用RECIPE　キャベツとピーマンの巣ごもり卵	
ふき	98
ブロッコリー、カリフラワー	98
活用RECIPE　ブロッコリーとツナのサラダ	
豆	
えだまめ	99
そらまめ、グリーンピース	100
さやいんげん、さやえんどう、スナップえんどう	101
水菜	102
もやし	102
モロヘイヤ	103
れんこん	103
薬味	
青じそ	104
木の芽	104
しょうが	105
にんにく	105
パセリ、ハーブ	106
みつば	106
みょうが	107
わさび	107

生で？　加熱で？　下味調理で？
野菜のおすすめ冷凍方法 …………………………108

アボカド	110
いちご	110
かんきつ類	111
キウイ	111
パイナップル	112
バナナ	112
ぶどう	112
ブルーベリー、ラズベリー	113
りんご	113

肉

- ひき肉（牛、豚、鶏、合いびき） … 114
- 薄切り肉（牛、豚） … 115
- こま切れ肉（牛、豚） … 116
  - 活用RECIPE　ごぼう入り豚丼
- かたまり肉（牛、豚） … 119
- 厚切り肉・ステーキ肉（牛、豚） … 120
- 角切り肉（牛、豚） … 121
- 鶏もも肉・むね肉 … 122
  - 活用RECIPE　鶏のから揚げ甘酢あんかけ
  - 活用RECIPE　うまみたっぷりきのこスープ
- 鶏ささみ … 124
- 鶏手羽肉 … 126
- ラム肉 … 127
- レバー … 127

魚介類

- かじきまぐろ … 128
- きんめだい … 129
- さけ … 130
- さば … 131
- たら … 132
- ひらめ … 133
- ぶり … 134
- あじ、さんま … 135
  - 冷凍作りおきおかずRECIPE　さんまのかば焼き
- 豆あじ … 136
- いわし … 137
- わかさぎ … 138
- いか … 139
  - 活用RECIPE　魚介のトマトパスタ
- えび … 140
  - 活用RECIPE　えびとピーマンのマヨ炒め
- たこ … 141
- かに（ゆでがに） … 141
- あさり、はまぐり … 142
- かき … 143
- しじみ … 143
- ほたて … 144
- 刺し身 … 144

卵・乳・加工品

卵・乳

- 卵 … 146
- 牛乳 … 147
- ヨーグルト … 147
- チーズ … 148
- バター、マーガリン … 149
- 生クリーム … 149

肉・魚介加工品

- ハム、ベーコン … 150
  - 活用RECIPE　セロリとベーコンのトマトパスタ
- ソーセージ … 151
- 干物 … 152
- しらす … 153
- ちりめんじゃこ … 153
- うなぎ、あなご … 153
- スモークサーモン … 153
- 魚卵
  - いくら … 154
  - かずのこ … 154
  - たらこ・明太子・筋子 … 154
- 練り製品（ちくわ、さつま揚げ、かまぼこ、なると）… 155
  - 活用RECIPE　ちくわとにんじんの磯辺かき揚げ
- すり身 … 157
- つみれ … 157
- はんぺん … 157
- 豆腐 … 158
  - 活用RECIPE　アスパラガスの白和え
  - 冷凍作りおきおかずRECIPE　炒り豆腐
- 厚揚げ … 159
- 油揚げ … 160
- 納豆 … 161
- おから … 161

ゆば (生)	161
ごはん	162
もち	163
米	163
炊き込みごはん等	
(炊き込みごはん、チャーハン、ピラフ)	163
いなりずし	163
パン	164
パスタ (乾麺)	165
うどん、そば、中華麺 (市販チルド、ゆで)	166
餃子の皮、春巻きの皮	167
小麦粉、片栗粉	167
パン粉	167
かんぴょう	168
切り干し大根	168
削り節	168
昆布	168
煮干し	169
のり	169
ひじき	169

　冷凍作りおきおかずRECIPE　ひじきの煮物

麩	170
干ししいたけ	170
もずく (塩蔵)	171
わかめ (塩蔵)	171
ごま	171
ナッツ類	171
調味料／砂糖・塩、しょうゆ・酢、みそ、みりん・	
みりん風調味料、酒 (料理酒)、マヨネーズ、ソース、	
オイスターソース、豆板醤、カレー粉・カレールウ、	
トマトケチャップ、トマトピューレ、アンチョビ	172
だしの素	173
缶詰　トマトソース、ミートソース、ホワイトソース	173
缶詰　トマトの水煮	173
缶詰　ツナ	173
飲み物 (茶葉、豆、粉末)／	
緑茶・麦茶・紅茶・ウーロン茶、抹茶、コーヒー、	
ココア	174

ケーキ／スポンジケーキ、	
チーズケーキ、パウンドケーキ	175
パイ	175
タルト	175
スコーン	176
クッキー、せんべい	176
ホットケーキ	176
クレープ	176
和菓子	177
クッキー生地	177
パイ生地	177
おかず	
から揚げ	178
とんかつ、フライ	178
てんぷら	179
春巻き	179
ハンバーグ	180
シュウマイ	181
ギョウザ	181
活用RECIPE　ギョウザスープ	181
カレー、シチュー	182
活用RECIPE　カレーチーズホットサンド	
軽食	
サンドイッチ	183
中華まん	183
ピザ	183
食材名索引	184

本書の使い方
- 大さじ1=15mℓ、小さじ1=5mℓ、1カップ=200mℓです (mℓ=cc)。
- 冷蔵庫の機能はメーカーによって異なります。必ずお使いの冷蔵庫の取り扱い説明書をご覧ください。
- 電子レンジの加熱は様子を見ながら調節してください。
- PART1で表示した調理時間には、材料の下ごしらえ、パスタをゆでる、予熱や冷ます時間は含まれていません。
- 本書で表示した保存期間は目安です。保存状況や季節によって異なる場合がありますので、表示の期間を目安にご自身で判断してください。乳、加工品等の開封後の保存期間は、賞味期限内の場合です。

PART
1

らくらく美味しい！

冷凍食材
メニュー

自家製冷凍食材を使った、
おいしくてかんたんに作れるレシピを紹介します！

冷凍マジック食材でおいしい

冷凍することで、味や食感が変化したり、時短になる食材を使ったスピードレシピです。おなじみの素材も、いつもとひと味違うおいしさに。ぜひ試してみてください！

料理に使いやすくなる

トマト
トマトのヘタを取り、1個ずつラップで包んで冷凍用保存袋に入れて冷凍。

「すりおろしたらそのままソースに」

冷凍状態ですりおろすと、ひと味違うソースやドレッシング、マリネ液に。おろしてすぐに使えば、ひんやりしゃりしゃりの食感も楽しめます。

凍ったままの冷凍トマトに水をかけると、自然に皮がやぶれます。

「つるり」

裂け目からきれいにむけます。煮込みなど、皮の食感が気になる料理に。

レモン
農薬不使用の国産レモンを洗って半分に切り、ラップで包んで冷凍用保存袋に入れて冷凍。

「まるごとすりおろしてレモン風味豊かに」

冷凍することで皮の苦みがやわらぐので、皮ごとすべてすりおろして使用。皮に多く含まれるレモンのさわやかな香りを楽しめます。

時短になる

玉ねぎ
玉ねぎを薄切りかみじん切りにして、冷凍用保存袋に入れ、平らにならして冷凍。どちらも使う分だけ割って使えて、冷凍することで繊維が壊れるため火の通りがスピーディに。あめ色玉ねぎもはやくできます。

「ほしい分だけ割って使える！」

「あめ色玉ねぎがすぐできる！」

ピザ用チーズ
「袋ごと冷凍OK！」

小分けにする必要なし。かたまりがあればほぐして袋のまま冷凍して、必要な分だけ凍ったまま使える便利な食材です。

ゆでだこ
「加熱せず使える！」

ゆでだこをスライスして冷凍保存袋に入れ、平らにならして冷凍。加熱せずに使えるのでサラダや和え物がささっと作れます。

楽しい スピードレシピ

新しい食感に！

卵

ケースごと冷凍用保存袋に入れて冷凍。解凍すると黄身が生とは違うむっちりとした食感に変化します。黄身をサラダや和え麺に使ったら、白身はスープの浮き身などに。

卵は冷凍すると割れます。冷凍用保存袋に入れておけば、中身がこぼれたときにも安心。

豆腐

パックごと冷凍用保存袋に入れて冷凍、または食べやすい大きさに切ってばら冷凍し、冷凍用保存袋に入れて冷凍。室温解凍して使用。絹と木綿はお好みで。

「凍り豆腐のような食感！」
水分が抜けてスポンジ状になり、凍り豆腐のような食感に。味も含みやすくなります。火を通す料理に。

「むっちり」
白身を取り除いた黄身。箸ではさんでも割れない、むちむちとした質感に変化。濃厚な黄身のおいしさを楽しみたいときにぴったり。

冷凍状態でむいた卵。白身はとけるとさらさらの液体になります。

「生の場合」
箸ではさむと、当然ですが黄身が割れてとろりと流れます。

長いも

皮をむいてラップで包み、冷凍用保存袋に入れて冷凍。

「ふわふわ！」
すりおろすと生のとろとろとは違う、ふわふわの食感になります。おろしたてはひんやりと冷たくて、夏のおかずにもぴったり。

うまみや甘みがアップする！

いか

「甘みがアップ！」
食べやすい大きさに切り、あればわたと一緒に冷凍用保存袋に入れて冷凍。生よりも甘みがアップします。冷蔵庫で解凍して使います。

きのこ

「うまみがアップ！」
好みのきのこ数種類を適当な大きさに切り（または小房に分け）、混ぜて冷凍用保存袋に入れて冷凍。アサリと同じく、冷凍によりうまみが増えます。

殻つきあさり

砂抜きして水気をしっかりとふき取り、冷凍用保存袋に入れて冷凍。冷凍によりうまみが増えます。

「うまみがアップ！」
凍ったまま使います。

凍ったまま使います。

冷凍トマト ＋ 冷凍いか

主菜

いかのトマト煮

冷凍トマトは崩れやすいので、煮込み料理にぴったり。
冷凍して甘みの増したいかに、トマトの酸味がよく合います。

10分

材料（2人分）
冷凍いか…2杯分
　（胴は輪切り、足はぶつ切りにし、ワタも
　つぶして入れたもの）▶冷蔵庫で解凍する
冷凍トマト…2個
　▶水をかけて、皮をむき、ざく切りにする
にんにく…1かけ　▶つぶす
オリーブ油…大さじ1
バジル…1枝
ドライオレガノ、タイム（あれば）…少々
塩、こしょう…各少々

作り方
1. にんにく、オリーブ油を弱火で熱し、香ばしい香りがしたらいかを加えて炒める。
2. トマト、バジル、オレガノ、タイムを加えて5分ほど煮る。塩、こしょうで味を調える。

冷凍トマトは凍ったまま水をかけるとするんとラクラク皮がむける！

冷凍トマト ＋ 冷凍ゆでだこ

副菜

たこのトマトマリネ

すりおろした冷凍トマトと調味料で和えるだけ！
前菜にもぴったりのスピードメニューです。

10分

材料（2人分）
冷凍トマト…½個
　▶水をかけて皮をむき、すりおろす
冷凍ゆでだこ…100g
　▶冷蔵庫または流水で解凍する
オリーブ油…大さじ1
白ワインビネガー…大さじ½
おろしにんにく…少々
塩…小さじ¼
バジル…少々

作り方
1. トマト、オリーブ油、白ワインビネガー、おろしにんにく、塩を混ぜ合わせる。
2. 1にたこを加えてなじませ、器に盛り、バジルを散らす。

凍ったまますりおろしてそのままソースに！

主菜 主菜

豆腐グラタン

冷凍した豆腐は水気がしっかり抜けて、グラタンも水っぽくなりません！

10分
焼き時間を含めない

材料（2人分）
冷凍豆腐（切って冷凍したもの）…1丁
　▶解凍して水気をしぼる
冷凍ピザ用チーズ…60g
塩、こしょう…各少々
小麦粉…適量
バター…大さじ1
ホワイトソース（市販）…150g
牛乳…⅓カップ
ブロッコリー…4房　▶電子レンジで加熱し火を通す

作り方
1　豆腐に塩、こしょうして小麦粉を薄くまぶし、バターで両面を焼く。
2　ホワイトソースは牛乳と混ぜる。
3　グラタン皿に1、ブロッコリーを入れる。2をかけ、ピザ用チーズをのせてトースターでこんがりと焼く。

冷凍ピザ用チーズは解凍せずそのままのせます！

豆腐ともやし、ツナのチャンプルー

15分

水気のほどよく抜けた豆腐は、崩れにくく、焼き色をつける料理にもぴったりです。

材料（2人分）
冷凍豆腐（パックのまま冷凍したもの）…1丁
　▶解凍して大きめにちぎり水気をしぼる
サラダ油…小さじ1
ツナ缶（オイル漬け）…小1缶
もやし…1袋
万能ねぎ…5本　▶4〜5cm長さに切る
しょうゆ…小さじ2
塩…小さじ¼
こしょう…少々

作り方
1　フライパンにサラダ油を熱し、豆腐を入れて表面に焼き色をつけ、取り出す。
2　フライパンにツナの油を入れて、もやしを炒める。しんなりとしたらツナ、万能ねぎを加えて、1を戻し入れ、しょうゆ、塩、こしょうで味を調える。

副菜

納豆とろろ

冷凍長いもをすりおろすと、ふわふわ、ひんやりの食感。暑い時期のおかずにもぴったり！

5分

材料（2人分）
冷凍長いも…100g
納豆…2パック
みそ…小さじ1
小ねぎ…1本　▶小口切りにする

作り方
1. 納豆はタレ、辛子を加えて混ぜる。みそを加えて混ぜ、器に盛る。
2. 長いもは凍ったまま1の上にすりおろす。小ねぎを散らす。

副菜

うなトロ和え

うなぎと合わせれば、とろろもボリュームのあるおかずに。和えるだけの手軽さもうれしい！

5分

材料（2人分）
冷凍長いも…100g　▶すりおろす
冷凍うなぎ（刻んで冷凍）…1枚分
　▶電子レンジ解凍する
しそ…2枚　▶せん切りにする
刻みのり、わさび（お好みで）…各少々

作り方
1. 長いもは凍ったまますりおろす。
2. 1をうなぎと和えて器に盛り、しそ、刻みのりをのせ、わさびを添える。

おろしたては、ふわふわ食感に加えてひんやりとした冷たさも楽しめます。

冷凍きのこ ＋ 冷凍殻つきあさり

主菜

15分

あさりときのこのパスタ

あさりときのこ、冷凍すると
うまみの増す食材同士の組み合わせ。
蒸し汁をパスタにしっかり絡めてどうぞ。

材料（2人分）
冷凍きのこ…100g
冷凍殻つきあさり…250g
スパゲッティ…140g
にんにく…小1かけ
　▶みじん切りにする
唐辛子…1本
　▶斜め半分に切って種を取る
オリーブ油…大さじ2
白ワイン…¼カップ
塩…適量
パセリのみじん切り…少々

作り方
1. 塩を加えた湯でスパゲッティをゆでる。ゆであがる1分前に凍ったままのきのこを加える。
2. フライパンににんにく、唐辛子、オリーブ油を入れて弱火で熱し、にんにくが色づいたら唐辛子を取り除く。凍ったままのあさり、白ワイン、水½カップ（分量外）を加え強火にしてふたをして、あさりの口が開いたら、ふたを取る。
3. 1のゆで汁をお玉2杯分くらい加えて味を調え、ゆであがったスパゲッティときのこを加えて和える。器に盛り、唐辛子を添え、パセリを散らす。

きのこと玉ねぎの
スパニッシュオムレツ

⏱ 15分

時間のかかるスパニッシュオムレツも、
玉ねぎやきのこの下処理の手間を省いてスピードアップ！

冷凍きのこ ＋ 冷凍玉ねぎ

主菜

材料（2人分）（直径18cmのフライパン使用）
冷凍玉ねぎ（みじん切り）…½個分
冷凍きのこ…100g
卵…3個
粉チーズ…大さじ2
塩、こしょう…各少々
オリーブ油…大さじ2
ミックスビーンズ…1パック（50g）
ケチャップ…適量

作り方
1. 卵を割りほぐし、粉チーズ、塩、こしょうを加えて混ぜる。
2. フライパンにオリーブ油を熱し、凍ったままの玉ねぎをしんなりするまで炒めて、ミックスビーンズ、凍ったままのきのこを加えてさらに炒める。
3. 1を回し入れ、ざっとかき混ぜる。半熟状になったらふたをして弱火で7分くらい焼き、ひっくり返して2分くらい焼く。食べやすく切り分けて器に盛り、ケチャップを添える。

副菜

きのこのスープ

⏱ 10分

冷凍きのこのうまみたっぷりで、
シンプルなのにとっても美味しい！

冷凍きのこ

材料（2人分）
冷凍きのこ…100g
水…1と¾カップ
顆粒コンソメ…小さじ1
塩、こしょう…各少々
パセリのみじん切り…少々

作り方
1. 鍋に凍ったままのきのこ、分量の水、コンソメを入れて火にかける。
2. 煮立ったら塩、こしょうで味を調え、器に盛り、パセリを散らす。

卵温麺

熱々のうどんに凍った冷凍卵を割って、熱で溶かしながら絡めていただきます。

⏱ 5分

材料（2人分）
冷凍卵…2個
うどん…2玉　▶ゆでて湯をきる
めんつゆ（4倍濃縮）…大さじ3
揚げ玉…¼カップ
小ねぎ…2本　▶小口切りにする

作り方
1. うどんはゆでて湯をきり、ゆでたてを器に盛る。
2. 1に冷凍卵を割り入れ、めんつゆをかけ、揚げ玉、小ねぎをのせる。

卵のシーザーサラダ

冷凍卵で、温泉卵のようなむっちりとした黄身のおいしさが楽しめます。

⏱ 10分

材料（2人分）
冷凍卵…2個
　▶殻を除いて容器に入れ、白身がゆるくなるまで室温で解凍する
A［マヨネーズ・粉チーズ各大さじ1、オリーブ油大さじ2、おろしにんにく少々、粗びきこしょう少々］
ロメインレタス…60g　▶ざく切りにする
ベーコン…2枚　▶幅2cmに切ってカリカリに焼く
クルトン…20g

作り方
1. Aを混ぜ合わせる。
2. ロメインレタスを器に盛り、ベーコン、クルトンを散らし、卵を中央にのせる。混ぜ合わせたAをかけ、卵をつぶしながら和えて食べる。

冷凍レモン + 冷凍玉ねぎ

主菜

鶏肉のレモンクリーム煮

レモンをたっぷり½個使った、さわやかなクリーム煮。
コクになる炒め玉ねぎも、冷凍玉ねぎを使うからスピーディ！

15分

材料（2人分）
冷凍玉ねぎ（薄切り）…½個分
冷凍レモン…½個
鶏もも肉…小1枚
　▶3〜4cm角に切る
塩、こしょう…各少々
小麦粉…少々
オリーブ油…大さじ2
水…1カップ
顆粒コンソメ…小さじ1
生クリーム…1と½カップ
塩、粗びきこしょう（仕上げ用）
　…各少々

作り方

1 鶏肉に塩、こしょうをなじませ、小麦粉を薄くまぶして、オリーブ油大さじ1で両面をソテーして取り出す。

2 同じフライパンに残りのオリーブ油を入れて凍ったままの玉ねぎを透き通るまで炒めて、1を戻し、分量の水、コンソメを加える。沸騰したら弱火にし、5分くらい煮て、冷凍レモンを果肉ごとすりおろして加える（仕上げ用に少量とっておく）。生クリームを加え、とろりとするまで3分ほど煮込む。

3 塩で味を調えて器に盛り、レモンの皮を散らし、粗びきこしょうをふる。

冷凍レモンを皮も果肉もすりおろして風味豊かに！

自家製野菜ミックスでラクラク!

下ごしらえは、野菜をカットして冷凍保存袋に入れるだけ。
使うときは凍ったままでOKの、忙しい人にぴったりの冷凍ストック野菜です。
肉や魚と組み合わせれば、あっという間にボリュームたっぷりの1品が完成します。

冷凍キャベツミックスとソーセージのポトフ風

火の通りやすい野菜の
ミックスだから、短時間で
風味豊かなポトフのできあがり!

材料(2人分)
冷凍キャベツミックス…1袋
水…2と½カップ
顆粒コンソメ…大さじ½
ソーセージ…大4本
　▶斜めに浅い切り目を
　　入れる
ローリエ…1枚
塩、こしょう…各少々
粒マスタード…適量

作り方
1 鍋に分量の水、コンソメを入れて火にかけ、煮立ったらソーセージ、ローリエを加える。再び煮立ったら凍ったままのキャベツミックスを加えて5分ほど煮る。
2 塩で味を調え、こしょうをふる。器に盛り、粒マスタードを添える。

ボリュームおかず

野菜ミックス 1　冷凍キャベツミックス

冷凍保存袋中サイズ2袋分

- キャベツ…150g　▶ざく切りにする
- もやし…200g　▶ひげ根を取る
- ピーマン…3個　▶縦に5mm幅に切る

 +

冷凍キャベツミックスとさけのフライパン蒸し BBQ味

野菜ミックスと鮭を重ねて蒸すだけ！ 包丁いらずのお手軽ボリュームおかずです。

材料（2人分）

冷凍キャベツミックス…1袋
生ざけ…2切れ
BBQソース
[ケチャップ大さじ1、中濃またはとんかつソース大さじ½、しょうゆ・砂糖各小さじ½、こしょう少々
▶混ぜ合わせる]

作り方

1. フライパンに凍ったままのキャベツミックスを広げ、さけをおき、BBQソースをさけにかけ、ふたをして中火にかける。
2. フライパンの中に蒸気があがってきたら少し火を弱めて7〜8分蒸し焼きにする。

フライパンに材料を重ねて蒸すだけの手軽さ！

野菜ミックス2 冷凍根菜ミックス

冷凍保存袋中サイズ2袋分

れんこん…150g
▶5mm厚さのいちょう切りにし、酢水にさらし水気をよくふく
ごぼう…100g　▶5mm厚さの斜め切りにし、酢水にさらし水気をよくふく
にんじん…100g　▶5mm厚さのいちょう切りにする

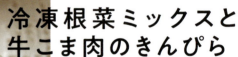

冷凍根菜ミックスと牛こま肉のきんぴら

歯ごたえのある根菜と牛肉のコクで、主菜としても大満足のきんぴらです。

材料（2人分）
冷凍根菜ミックス…1/2袋
ごま油…大さじ1
牛こま肉…150g
　▶3〜4cm幅に切る
A［しょうゆ・みりん・酒各大さじ1　▶混ぜ合わせる］
いりごま…少々

作り方
1 フライパンにごま油を熱し、凍ったままの冷凍根菜ミックスを炒める。
2 根菜がしんなりしたら牛肉をほぐしながら加えて、Aを回し入れて炒め煮にする。汁気がなくなったらいりごまをふる。

冷凍根菜ミックスの クイック豚汁

だしに材料を次々入れるだけの、お手軽な具だくさん豚汁。
からだもぽかぽか温まります。

材料（2人分）
冷凍根菜ミックス…½袋
昆布だし…3カップ
長ねぎ…½本　▶小口切りにする
豚こま肉…120g　▶1cm幅に切る
小松菜…1株　▶ざく切りにする
みそ…大さじ2
しょうゆ…小さじ1
七味唐辛子…少々

作り方
1. 鍋に昆布だしを入れて火にかけ、煮立ったら凍ったままの冷凍根菜ミックス、長ねぎを加える。
2. 再び煮立ったら豚肉を少しずつ加えて、火が通ったら小松菜を加える。小松菜に火が通ったらみそを溶き入れ、しょうゆを加え、味を調える。
3. 器に盛り、七味唐辛子をふる。

だしを温めて、火の通りにくい順番に具を入れるだけ！

下味冷凍おかずの素で広がる

肉や魚介と調味料を、袋に合わせるだけの「おかずの素」。
ひとつの「素」からおかずが何種類も作れて、毎日のおかずを考えるのがラクになります。
冷凍している間に素材に味がなじんでおいしくなるのもポイントです。

1 「おかずの素」を作る

たとえば →

豚肉の甘酒みそ漬けの素

材料（2袋）
豚肉のしょうが焼き用肉…12枚
しょうが汁…小さじ2
みそ…大さじ2
甘酒…大さじ2

作り方
しょうが汁、みそ、甘酒を冷凍用保存袋に入れて混ぜ、豚肉を加えて絡め、薄く平らにならして冷凍する。

2 好みのレシピで味がいろいろ楽しめる

そのまま焼いて

豚肉の甘酒みそ漬け焼き

材料（2〜3人分）
豚肉の甘酒みそ漬けの素…1袋
　▶冷蔵庫で解凍する
サラダ油…大さじ1
水菜…適量　▶ざく切りにする

作り方
1. フライパンにサラダ油を熱し、〈豚肉の甘酒みそ漬けの素〉のみそをぬぐって両面を焼く。
2. 器に盛りつけ、水菜を添える。

メニューバリエーション

キャベツと炒めて

ホイコーロー風

材料（2人分）
豚肉の甘酒みそ漬けの素…1袋
　▶冷蔵庫で解凍し、4cm幅に切る
サラダ油…大さじ1と½
キャベツ…⅛個　▶ざく切りにする
ピーマン…1個　▶乱切りにする
しょうが…½かけ　▶せん切りにする
A［豆板醤小さじ½、しょうゆ小さじ1、酒大さじ1
▶混ぜ合わせる］

作り方
1. フライパンにサラダ油大さじ½を熱し、キャベツ、ピーマンを炒めて水大さじ2〜3（分量外）を加えて水がなくなったら取り出す。
2. 同じフライパンに残りの油を入れ、〈豚肉の甘酒みそ漬けの素〉をさっと焼き、1を戻し入れ、しょうが、Aを加えて炒め合わせる。

クリーム煮

材料（2人分）
豚肉の甘酒みそ漬けの素…1袋
　▶冷蔵庫で解凍し、食べやすく切る
オリーブ油…大さじ1
玉ねぎ…½個　▶縦に薄切りにする
生クリーム…½カップ
ケチャップ…大さじ2
塩、こしょう…各少々
パセリのみじん切り…少々

作り方
1. フライパンにオリーブ油を熱し、玉ねぎをしんなりするまで炒めて、〈豚肉の甘酒みそ漬けの素〉を加え、さっと炒める。
2. 生クリーム、ケチャップを加えて、ひと煮して、塩、こしょうで味を調える。器に盛り、パセリを散らす。

生クリームとケチャップで

「今日はどの味?」

和・洋・中の下味冷凍おかずの素

冷凍庫に「おかずの素」がいくつかストックしてあれば、その日の気分にぴったりのメニューがすぐに作れます!

和風鶏ひき肉の素で

しょうがのきいたさっぱり味

トマたま炒め
ピーマンの肉詰め焼き

レシピは p.26

洋風合いびき肉の素で

塩、こしょう、にんにくのシンプル肉ダネ

煮込みハンバーグ風
タコライス

レシピは p.28

中華風豚ひき肉の素で

豆板醤の入ったピリ辛味

クイック麻婆なす
ジャージャー麺

レシピは p.30

豚肉の甘酒みそ漬けの素で

甘酒とみそでしっとりやわらか

豚肉の甘酒みそ漬け焼き
ホイコーロー風
クリーム煮

レシピは p.22

牛ごぼうしょうがしょうゆ風味の素で

すきやきのような甘辛味

肉豆腐
牛丼
ハッシュドビーフ

レシピは p.32

エビとパプリカのねぎ塩だれの素で

肉や魚を漬けてもおいしい万能なねぎ塩だれ

エビとパプリカのねぎ塩焼き
エビとパプリカと卵の炒め物
エビとパプリカのねぎ塩焼きそば

レシピは p.34

鶏肉のカレーヨーグルト漬けの素で

パンにもごはんにも合うさわやかスパイシー味

キャベツ蒸し
鶏肉のカレーヨーグルト漬け焼き
トマト煮込み

レシピは p.36

和風鶏ひき肉の素

材料(1袋分)
鶏ひき肉…300g
おろししょうが…1かけ分
A［しょうゆ大さじ2、酒大さじ1、砂糖小さじ2
▶混ぜ合わせる］

> 混ぜるだけ！

作り方
材料をよく混ぜ、冷凍用保存袋に入れて薄く平らにならし、4等分に菜箸などであとをつけて冷凍する。

トマたま炒め

> ふわふわ卵とトマトのやさしい味にしょうが風味の鶏肉がぴったり！

材料(2人分)
和風鶏ひき肉の素…1/2袋
　▶冷蔵庫で解凍する
卵…2個
塩…小さじ1/5
サラダ油…大さじ2
トマト…1個　▶くし形に切る

作り方
1. 卵に塩を加えて混ぜる。フライパンにサラダ油大さじ1を熱し、卵を加えて、大きくかき混ぜ、半熟状で取り出す。
2. 残りの油を加え、〈和風鶏ひき肉の素〉を入れてパラパラになるまで炒める。トマトを加え、トマトがくずれてきたら、1の卵を戻し入れて炒め合わせる。

卵は仕上げに戻し入れてふわふわの食感に！

ピーマンに詰めて
焼くだけで、ぱっと
ボリュームおかずの完成！

ピーマンの肉詰め焼き

材料（2人分）
和風鶏ひき肉の素…½袋
　▶冷蔵庫で半解凍にする
ピーマン…3個
　▶半分に切って種を取る
片栗粉…少々
サラダ油…大さじ1

作り方
1. ピーマンの内側に片栗粉をふって、〈和風鶏ひき肉の素〉を詰める。
2. フライパンにサラダ油を熱し、1を詰めた面を下にして焼き、焼き色がついたらひっくり返し、中まで火を通す。

肉ダネができているから、詰めるだけですぐ焼ける！

洋風合いびき肉の素

材料(2袋分)

合いびき肉…300g
A [塩小さじ½、砂糖小さじ2、こしょう少々、おろしにんにく少々]

> 混ぜるだけ！

作り方

材料をよく混ぜ、冷凍用保存袋に入れて薄く平らにならし、4等分に菜箸などであとをつけて冷凍する。

煮込みハンバーグ風

> 「素」をカットして焼くだけの手軽さがうれしい！

材料（2人分）

洋風合いびき肉の素…½袋
▶冷蔵庫で半解凍して4等分に切る
小麦粉…適量
バター…大さじ1
水…¼カップ
デミグラスソース…100g
ケチャップ、ソース
　…各大さじ½
塩、こしょう…各少々
さやいんげん…4本
▶ゆでて長さ4cmに切る

作り方

1. 〈洋風合いびき肉の素〉に小麦粉を薄くまぶしてバターで両面を焼く。
2. 分量の水、デミグラスソース、ケチャップ、ソースを加えて3分ほど煮込み、塩、こしょうで味を調え、器に盛る。いんげんを添える。

カレー粉でスパイシーな香りに仕上げて！

タコライス

材料（2人分）
洋風合いびき肉の素…½袋
　▶冷蔵庫で解凍する
ケチャップ…大さじ1
カレー粉…小さじ½
ごはん…360g
レタス…2枚　▶幅1cmに切る
トマト…1個　▶さいの目に切る
シュレッドチーズ…40g

作り方
1. 〈洋風合いびき肉の素〉をパラパラになるまで炒めて、ケチャップ、カレー粉を加えてさらに炒める。
2. 器にごはんを盛り、1、レタス、トマトをのせ、シュレッドチーズを散らす。

ケチャップとカレー粉でエスニック風に早変わり！

下味がついてるから、少ない材料で本格的な味に！

クイック麻婆なす

材料（2人分）

中華風豚ひき肉の素…½袋
　▶冷蔵庫で解凍する
なす…2本
　▶縦半分に切って、切れ目を4本入れて斜めに一口大に切る
サラダ油…大さじ1と½
長ねぎ…¼本　▶みじん切りにする
A［水¾カップ、鶏ガラスープの素小さじ¼、みそ小さじ1］
水溶き片栗粉（片栗粉小さじ1、水小さじ2）
粉山椒…少々

作り方

1　なすにサラダ油大さじ1を絡めて、熱したフライパンで焼き、取り出す。

2　同じフライパンで残りの油、長ねぎを弱火で炒め、香りがたったら〈中華風豚ひき肉の素〉を加え、ポロポロになるまで炒める。

3　Aを加え、煮立ったらなすを戻し、さっと煮て、水溶き片栗粉でとろみをつける。器に盛りつけ、粉山椒をふる。

油で焼いておいたなすを戻してコクのある仕上がりに！

中華風豚ひき肉の素

材料(1袋分)
豚ひき肉…300g
おろしにんにく…少々
A[しょうゆ大さじ2、酒大さじ1、砂糖小さじ2、ごま油・豆板醤各小さじ1]

> 混ぜるだけ！

作り方
材料をよく混ぜ、冷凍用保存袋に入れて薄く平らにならし、4等分に菜箸などであとをつけて冷凍する。

ジャージャー麺

> 「素」に練りごまを加えて、コクのある肉みそに！

材料（2人分）
中華風豚ひき肉の素…½袋
　▶冷蔵庫で解凍する
練りごま…大さじ2
中華麺（冷やし中華麺）…2玉
　▶ゆでて流水で洗い、水気をよくきる
長ねぎ…½本
　▶せん切りにする
きゅうり…½本
　▶せん切りにする

作り方
1. フライパンで〈中華風豚ひき肉の素〉を炒め、練りごまを加えて和える。
2. 器に中華麺を盛り、1、長ねぎ、きゅうりをのせ、混ぜながら食べる。

牛ごぼうしょうがしょうゆ風味の素

材料(2袋分)
牛こま肉…400g
しょうが…1かけ ▶せん切りにする
ごぼう…100g ▶ささがきにする
A[しょうゆ・みりん・酒各大さじ2]

> 混ぜるだけ!

作り方
材料を全て合わせて冷凍用保存袋に入れ、冷凍する。

肉豆腐

材料(2人分)
牛ごぼうしょうがしょうゆ風味の素
　…1/2袋 ▶冷蔵庫で解凍する
だし…3/4カップ
しょうゆ、みりん…各小さじ1
豆腐…1/2丁 ▶3〜4cm角に切る

作り方
1. 鍋にだし、しょうゆ、みりんを熱し、〈牛ごぼうしょうがしょうゆ風味の素〉を入れてほぐし、豆腐を加えて5分ほど煮込む。

> 牛肉と豆腐は間違いなしのおいしさです!

牛丼

フライパンで温めるだけでボリュームどんぶりの完成!

材料(2人分)

牛ごぼうしょうがしょうゆ風味の素
　…1袋　▶冷蔵庫で解凍する
だし…¼カップ
ごはん…2杯分
温泉卵…2個
紅しょうが、三つ葉…適量

作り方

1. 〈牛ごぼうしょうがしょうゆ風味の素〉とだしをフライパンに入れて火にかけ、混ぜながら、肉の色が変わるまでよく加熱する。
2. 器にごはんを盛り、1、温泉卵をのせて、紅しょうが、三つ葉を添える。

ハッシュドビーフ

デミグラスソースであっという間に洋風の一品に!

材料(2人分)

牛ごぼうしょうがしょうゆ風味の素
　…1袋　▶冷蔵庫で解凍する
デミグラスソース…100g
ウスターソース、ケチャップ…各大さじ1
ローリエ…1枚
ごはん…2人分
パセリのみじん切り…少々

作り方

1. フライパンに〈牛ごぼうしょうがしょうゆ風味の素〉、水¼カップ(分量外)を入れてほぐしながら火を通し、色が変わったらデミグラスソース、ウスターソース、ケチャップ、ローリエを加え煮込む。
2. 器にごはんを盛り、パセリを散らして、1をかける。

ソースとケチャップで和風から洋風に変身!

エビとパプリカの ねぎ塩焼き

> ごま油とねぎの香りにごはんがどんどん進みます！

材料（2人分）
エビとパプリカのねぎ塩だれの素
　…1袋
　▶冷蔵庫で解凍する

作り方
1. フライパンを温め、〈エビとパプリカのねぎ塩だれの素〉を入れて炒める。

エビとパプリカと 卵の炒め物

> ぷりぷりのエビに、ふわふわの卵は相性抜群！

材料（2人分）
エビとパプリカのねぎ塩だれの素
　…1袋
　▶冷蔵庫で解凍する
サラダ油…大さじ1
卵…2個　▶割りほぐす
塩…小さじ1/5

作り方
1. フライパンにサラダ油を熱し、〈エビとパプリカのねぎ塩だれの素〉を入れて炒める。
2. 火が通ったら塩を加えた卵を回し入れて、さっと炒める。

卵は仕上げに加えて、とろとろに絡めます！

エビとパプリカのねぎ塩だれの素

材料(2袋分)

エビ…12尾
▶殻をむき、尾を取り、背に切れ目を入れて背ワタを取る 水洗いして水気をよくふく
パプリカ(赤)…½個
▶縦半分に切って横に幅1cmに切る
長ねぎ…½本 ▶みじん切りにする
塩…小さじ½
ごま油…大さじ1

混ぜるだけ！

作り方
冷凍用保存袋に長ねぎ、塩、ごま油を合わせ、エビ、パプリカを加えてなじませ、冷凍する。

エビとパプリカの
ねぎ塩焼きそば

あっという間にごちそう焼きそばのできあがり！

材料(2人分)

エビとパプリカのねぎ塩だれの素
…1袋 ▶冷蔵庫で解凍する
サラダ油…大さじ2
焼きそば麺…2玉
▶袋の口を開いて袋のままレンジで2分加熱する
鶏ガラスープの素…小さじ½
▶湯大さじ2で溶かす
にら…4本 ▶ざく切りにする
塩…少々
粗びきこしょう…少々

作り方

1 フライパンを温め、〈エビとパプリカのねぎ塩だれの素〉を入れて炒めて取り出す。

2 同じフライパンにサラダ油を熱し、麺を加え炒める。湯で溶いた鶏ガラスープの素を加えて焼きつけ、焼き色がところどころについたら1を戻し入れる。にらを加えて炒め合わせ、塩、粗びきこしょうをふる。

鶏肉のカレーヨーグルト漬けの素

混ぜるだけ！

材料(2袋分)

鶏もも肉…大1枚　▶一口大に切る
プレーンヨーグルト…¼カップ
カレー粉…小さじ1
ウスターソース…大さじ2
おろしにんにく…少々

作り方
材料をすべて冷凍用保存袋に入れてなじませ、冷凍する。

キャベツ蒸し

白ワインが香る、おもてなしにもぴったりの一品！

材料（2人分）
鶏肉のカレーヨーグルト漬けの素…1袋
キャベツ…100g　▶ざく切りにする
白ワイン…¼カップ

作り方
1　フライパンにキャベツを広げ、〈鶏肉のカレーヨーグルト漬けの素〉をのせ、白ワインをふる。ふたをして中火にかけ、沸騰したら火を弱め、5分ほど蒸し焼きにする。

> ヨーグルトで
> お肉がやわらか
> ジューシーに！

鶏肉のカレーヨーグルト漬け焼き

材料（2人分）
鶏肉のカレーヨーグルト漬けの素
　…1袋　▶冷蔵庫で解凍する
クレソン…適量

作り方
1. 〈鶏肉のカレーヨーグルト漬けの素〉をグリルで両面焼く。器に盛り、クレソンを添える。

> ヨーグルトとトマトで、
> コクがありつつさわやか！

トマト煮込み

材料（2人分）
鶏肉のカレーヨーグルト漬けの素
　…1袋　▶冷蔵庫で解凍する
オリーブ油…大さじ1
玉ねぎ…½個　▶縦に薄切り
トマトジュース…1カップ
コンソメ顆粒…小さじ½
ブロッコリー…4房

作り方
1. フライパンにオリーブ油を熱して玉ねぎを炒め、しんなりしたら〈鶏肉のカレーヨーグルト漬けの素〉を加えて色が変わるまで炒める。
2. トマトジュース、コンソメを加え、5分ほど煮込む。ブロッコリーを加えて火が通るまで煮る。

下味のおかげで、少ない材料でおいしい煮込みに！

すぐ食べたい! が叶う

ふだんのおかずにも!

常備してあると本当に便利な冷凍おかず。夕食に多めに作って残りを冷凍しておけば、いつでもおいしくいただけます!

鶏肉のくわ焼き

小麦粉をつけて焼くと、温めたときにしっとりとした食感に。

材料(2人分)

- 鶏もも肉…大1枚(300g)
  - ▶大きめの一口大に切る
- A[しょうゆ、みりん、酒各大さじ1]
- 酒…大さじ1
- サラダ油…大さじ1
- 小麦粉…適量
- ししとう…6本
  - ▶楊枝で数か所穴をあける(破裂を防ぐため)

作り方

1. 鶏肉にAをなじませて5分くらいおき、ザルにあげて汁気をきる。残った汁に酒を加える。
2. フライパンにサラダ油を熱し、1の肉に小麦粉をまぶして両面を焼く。ししとうもあいているところで焼いて取り出す。フライパンに漬け汁を加え、肉に絡める。

焼く前に小麦粉をつけるのがしっとり食感を保つコツ!

冷凍方法
冷まして使いやすい分量ずつラップで包み、冷凍用保存袋に入れて冷凍する。

解凍方法
電子レンジで温める。

冷凍調理済みおかず

> お弁当にも！

ここで紹介しているおかずはどれもお弁当にぴったり。主菜は電子レンジで温めて、冷ましてからお弁当箱に詰めます。副菜は、ほとんどが自然解凍でおいしく食べられます。凍ったまま詰めれば保冷剤代わりになり、食べるころにはちょうど溶けるので手間いらず。

鶏肉のくわ焼き (p.38)

＋

切り干し大根のソース炒め (p.49) **のお弁当**

> 自然解凍で手間なし食べごろ！

主菜

豚ヒレ肉の塩麹漬け焼き

塩麹につけるから、
お肉がとってもやわらか！

材料（4人分）

ヒレカツ用の豚肉…6枚
▶たたいてのばす
塩麹…大さじ2
サラダ油…大さじ1
トマト…½個
▶くし形切りにする
ゆずこしょう（お好みで）
…適量

作り方

1. 豚肉に塩麹をなじませて30分以上おく。
2. 肉の塩麹をぬぐって、サラダ油で両面を焼く。器に盛り、トマト、ゆずこしょうを添える。

冷凍方法
冷まして使いやすい分量ずつラップで包み、冷凍用保存袋に入れて冷凍する。

解凍方法
電子レンジで温める。

塩麹をもみ込むひと手間でお肉がやわらかに！

主菜

プルコギ

お肉に味がしっかりしみて、冷凍＆解凍しても風味が豊か！

材料（4人分）

牛切り落とし肉…400g
A［しょうゆ大さじ2、しょうが汁小さじ2、おろしにんにく少々、はちみつ大さじ1、ごま油大さじ½、いりごま小さじ1］
サラダ油…大さじ1
レタス…2枚　▶大きめにちぎる

作り方

1. 牛肉にAをもみ込んで10分くらいおく。
2. フライパンにサラダ油を熱し、1を焼く。器に盛り、レタスを添える。

冷凍方法
冷まして使いやすい分量ずつラップで包み、冷凍用保存袋に入れて冷凍する。

解凍方法
電子レンジで温める。

はちみつとしょうが汁をもみ込んでお肉をやわらかに！

主菜

かじきのピカタ

衣をつけて焼くから、
しっとりとした食感をキープします。

材料（4人分）
かじきまぐろ…4切れ
　▶1切れを3等分する
塩、こしょう…各少々
小麦粉…適量
卵…1個　▶割りほぐす
粉チーズ…大さじ1
オリーブ油…大さじ2
ブロッコリー…適量
　▶塩ゆでする
ケチャップ…適量

作り方
1. かじきまぐろに塩、こしょうをふり、小麦粉を薄くまぶす。
2. 卵と粉チーズを混ぜ、1をくぐらせ、オリーブ油を熱したフライパンで両面を焼く。器に盛り、ブロッコリー、ケチャップを添える。

冷凍方法
冷まして使いやすい分量ずつラップで包み、冷凍用保存袋に入れて冷凍する。

解凍方法
電子レンジで温める。

衣でカジキのしっとり食感が守られる！

主菜

エビのチリマヨ炒め

炒める前にまぶした片栗粉で、
エビがぷりぷりの食感に！

材料（4人分）

エビ…20尾
　▶殻をむいて尾を取り、背に
　切り目を入れて背ワタを取る
塩、酒…各少々
片栗粉…適量
サラダ油…大さじ2
A［豆板醤小さじ1、マヨネーズ・
ケチャップ各大さじ1と½　▶混ぜ
合わせる］

作り方

1. エビを洗い、水気をよくふく。
2. 1に塩、酒をなじませ、片栗粉をまぶし、サラダ油を熱したフライパンでカリッと炒める。
3. Aを加えて炒め合わせる。

冷凍方法

冷まして使いやすい分量ずつラップで包み、
冷凍用保存袋に入れて冷凍する。

解凍方法

電子レンジで温める。

マヨネーズで冷凍後の口あたり
がなめらかに。

主菜

油揚げ餃子

肉ダネを油揚げに詰めて、手軽に餃子風のおいしさに。
肉汁キープでしっとりジューシー！

材料（4人分）

豚ひき肉…150g
長ねぎのみじん切り…大さじ2
A［ごま油・片栗粉・しょうが汁
各小さじ1、酒・しょうゆ各大さ
じ1］
油揚げ…2枚
▶半分に切って袋状にする
サラダ油…大さじ1
練り辛し（好みで）…適量

作り方

1 ボウルにひき肉、長ねぎ、Aを合わせてよく混ぜ、油揚げに詰める。
2 1の両面をサラダ油で焼いて中まで火を通す。器に盛り、辛子を添える。

冷凍方法
冷まして食べやすい大きさに切り、1個ずつラップで包み、冷凍用保存袋に入れて冷凍する。

解凍方法
電子レンジで温める。

油揚げの端までタネがぎっしりでボリュームも大満足！

そのまま
お弁当にも

青菜のごま和え

和え衣にごま油を混ぜると、
風味がよく水っぽさもなくなります。

材料（4人分）
ほうれん草…1束
A［しょうゆ小さじ2、ごま油小さじ2、すりごま大さじ1］

作り方
1 ほうれん草はゆでて3cm長さに切る。
2 1をボウルに入れ、Aで和える。

冷凍方法 使いやすい分量ずつラップで包み、冷凍用保存袋に入れて冷凍する。

解凍方法 自然解凍。

副菜

副菜

そのまま
お弁当にも

焼きねぎ、パプリカのマリネ

解凍するときに味がしみ込んで、
おいしくなります。

材料（4人分）
長ねぎ…1本
▶切り目を入れて長さ4cmに切る
パプリカ（赤・黄）…各½個
▶縦半分に切って、幅1cmに切る
オリーブ油…小さじ2
すし酢…大さじ1

作り方
1 長ねぎ、パプリカをオリーブ油で焼きつけ、すし酢を加えてなじませる。

冷凍方法 使いやすい分量ずつ冷凍用保存容器に入れて冷凍する。

解凍方法 自然解凍。

揚げなすのみそ和え

多めの油で焼くと解凍後に水分が出にくくなります。

副菜

そのままお弁当にも

材料（2人分×2回分）
なす…3本 ▶縦半分に切って7mm厚さの半月切りにする
サラダ油…大さじ1と½
A［みそ大さじ1と½、酢小さじ2、砂糖小さじ2］
かつお節…小1パック

作り方
1. なすをフライパンに入れて、サラダ油を回しかけなじませ、火にかけて、焼く。
2. ボウルにAを合わせ、1を加えて和える。かつお節を加えてさらに和える。

冷凍方法 使いやすい分量ずつラップで包み、冷凍用保存袋に入れて冷凍する。

解凍方法 自然解凍。

副菜

そのままお弁当にも

ピーマンとちくわのきんぴら

ちくわなどの練り製品は冷凍しても食味が変わりにくく、冷凍向きの食材です。

材料（4人分）
サラダ油…小さじ2
ピーマン…3個 ▶細切りにする
ちくわ…2本 ▶細切りにする
唐辛子…1本 ▶種を取って小口切りにする
A［しょうゆ、みりん各大さじ½］

作り方
1. フライパンにサラダ油を熱し、ピーマン、ちくわ、唐辛子を入れて炒め、しんなりとしたらAを加えて絡める。

冷凍方法 使いやすい分量ずつラップで包み、冷凍用保存袋に入れて冷凍する。

解凍方法 自然解凍。

わかめの炒めナムル

わかめは炒めると解凍後も食感のよさを保ちます。

材料（4人分）
わかめ（塩蔵）…40g（水で戻して100g）
ごま油…小さじ2
長ねぎ…10cm ▶みじん切りにする
A［しょうゆ小さじ1、酒小さじ1、おろしにんにく少々 ▶混ぜ合わせる］
いりごま…小さじ½
七味唐辛子…適量

作り方
1　わかめは塩を落として水で戻し、食べやすい大きさに切る。
2　フライパンにごま油を熱して長ねぎを炒め、香りがたったら1、Aを加えて汁気がなくなるまで炒め、いりごまをふる。器に盛り、七味唐辛子をふる。

冷凍方法　使いやすい分量ずつラップで包み、冷凍用保存袋に入れて冷凍する。
解凍方法　自然解凍。

副菜 / そのままお弁当にも

にんじんとツナのシリシリ

ツナの油分で、解凍後もしっとりとしておいしくいただけます。

材料（4人分）
サラダ油…小さじ2
にんじん…1本 ▶斜め薄切りにし、せん切りにする
ツナ缶（オイル漬け）…小1缶
めんつゆ（4倍濃縮）…大さじ1
卵…1個 ▶割りほぐす

作り方
1　フライパンにサラダ油を熱し、にんじんを炒める。
2　にんじんがしんなりしたらオイルをきったツナを加え、さっと炒める。めんつゆを加えてさっと混ぜ、卵を回し入れて、全体になじむように炒める。

冷凍方法　使いやすい分量ずつラップで包み、冷凍用保存袋に入れて冷凍する。
解凍方法　自然解凍。

副菜 / そのままお弁当にも

副菜

副菜

そのまま
お弁当にも

ジャーマンポテトサラダ

仕上げにドレッシングで和えることで、しっとりとした食感になります。

材料（4人分）
- じゃがいも…2個
- オリーブ油…小さじ2
- 玉ねぎ…¼個　▶薄切りにする
- ソーセージ…2本（30g）
  　▶縦半分に切って斜めに薄切りにする
- フレンチドレッシング…大さじ1
- 粒マスタード…大さじ1
- 塩…少々

作り方
1. じゃがいもは皮をむき、3cm角くらいに切ってゆでる。ザルにあげて余熱で水気をとばし、粗くつぶす。
2. フライパンにオリーブ油を熱して玉ねぎをしんなりするまで炒め、ソーセージを加えてさらに炒める。
3. 火を止めて1を加え、ドレッシングと粒マスタードを加えて、和える。塩で味を調える。

冷凍方法 使いやすい分量ずつラップで包み、冷凍用保存袋に入れて冷凍する。

解凍方法 自然解凍。

そのまま
お弁当にも

きのこのオイルマリネ

オリーブ油でコーティングするからパサつきません。

材料（4人分）
- にんにく…小1かけ　▶薄切り
- オリーブ油…大さじ2
- しめじ…½パック　▶ほぐす
- まいたけ…½パック　▶ほぐす
- しいたけ…3枚　▶大きめの一口大に切る
- エリンギ…1本　▶5mm厚さに切る
- 塩…小さじ⅓
- ワインビネガー…大さじ1

作り方
1. フライパンににんにく、オリーブ油大さじ1を入れて弱火にかけ、にんにくが色づいたらきのこ類を加えて炒める。
2. きのこがしんなりしたら、塩、ワインビネガーを加え、なじんだら、残りのオリーブ油を加えて絡める。

冷凍方法 使いやすい分量ずつ冷凍用保存容器に入れて冷凍する。

解凍方法 自然解凍。

副菜

副菜

そのまま
お弁当にも

切り干し大根のソース炒め

定番の煮物よりも水分が少ない炒め煮。
解凍後に水っぽくなりません。

材料（4人分）
切り干し大根…30g
　▶水で戻してしぼり、食べやすい長さに切る
　（戻し汁は大さじ2とっておく）
ごま油…大さじ½
豚こま肉…50g　▶細切りにする
パプリカ（赤・黄）…各¼個　▶細切りにする
A［とんかつソース大さじ2、しょうゆ小さじ1］

作り方
1. Aと切り干し大根の戻し汁を合わせる。
2. フライパンにごま油を熱して豚肉を炒め、色が変わったら切り干し大根、パプリカを加えて炒める。油が回ったら、1を加えて全体になじむように炒める。

冷凍方法　使いやすい分量ずつラップで包み、冷凍用保存袋に入れて冷凍する。

解凍方法　自然解凍。

長いもは
電子レンジで
解凍を

長いものベーコン巻き

パサつきがちな長いもも、ベーコンの油分で
ほっくりおいしく食べられます。

材料（4人分）
長いも…6cm　▶8等分に切る
ベーコン…4枚　▶半分に切る
オリーブ油…小さじ2
塩、粗びきこしょう…少々

作り方
1. 長いもにベーコンを巻いて楊枝で刺す。
2. フライパンにオリーブ油を熱し、1を両面焼いて、塩、粗びきこしょうをふる。

冷凍方法　1個ずつラップで包み、冷凍用保存袋に入れて冷凍する。

解凍方法　電子レンジで温める。

冷凍作りおきおかずで
ラクラクお弁当 5 days

冷凍しておいたおかずとごはんを詰めるだけで完成！
カップ入りの副菜は自然解凍でおいしく食べられるので、
保冷剤代わりになり、ちょうど溶けたころにお弁当タイム！

油揚げ餃子の
やさしいうまみに、ごまの
香りでごはんが進む！

 油揚げ餃子 p.44
→電子レンジで温めて冷ます

 青菜のごま和え p.45
→カップに小分けしたものを
　凍ったまま詰める

詰め方
お弁当箱にごはんを詰めて冷まし、上記の冷凍調理済みおかずを詰める。ごはんに塩昆布をのせ、プチトマトを添える。

 かじきのピカタ p.42
→電子レンジで温めて冷ます

 **焼きねぎ、パプリカの
マリネ** p.45
→カップに小分けしたものを
　凍ったまま詰める

詰め方
お弁当箱にごはんを詰めて冷まし、上記の冷凍調理済みおかずを詰める。ごはんに粗びきこしょうをふり、ケチャップ、枝豆の塩ゆでを添える（冷凍枝豆の場合凍ったまま添えてOK）。

しっとりかじきに、
ピクルスの歯ごたえが
楽しい洋風弁当！

 エビのチリマヨ炒め p.43
→電子レンジで温めて冷ます

詰め方
お弁当箱にごはんを詰めて冷まし、左記の冷凍調理済みおかずを詰める。ごはんに白ごまをふる。

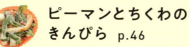 **ピーマンとちくわのきんぴら** p.46
→カップに小分けしたものを凍ったまま詰める

 長いものベーコン巻き p.49
→電子レンジで温めて冷ます

中華風のエビチリに、炒めたピーマンが相性抜群！

シンプルな塩麹風味の豚肉に、にんじんの甘みがよく合います！

ごま油の香る、ボリュームたっぷりの韓国風弁当！

 豚ヒレ肉の塩麹漬け焼き p.40
→電子レンジで温めて冷ます

 にんじんとツナのシリシリ p.47
→カップに小分けしたものを凍ったまま詰める

詰め方
お弁当箱にごはんを詰めて冷まし、上記の冷凍調理済みおかずを詰める。ごはんにゆかりをふる。

 プルコギ p.41
→電子レンジで温めて冷ます

 わかめの炒めナムル p.47
→カップに小分けしたものを凍ったまま詰める

詰め方
お弁当箱にごはんを詰めて冷まし、左記の冷凍調理済みおかずを詰める。ごはんにゆかりをふる。

COLUMN
市販冷凍食品の上手な買い方 & 使い方

上手に使えばとても便利な市販の冷凍食品。
凍ったまま調理できるように下準備して急速冷凍してあります。
コツをおさえて、おいしく上手に料理しましょう！

冷凍食品を買うときのコツ

霜のついていないものを選んで

店の冷凍ケースの中できちんと凍って、あまり霜がついていないものを選びましょう。霜が多くついているものは温度管理ができておらず、溶けたり凍ったりを繰り返した可能性があります。店の管理によって変わってくるので、チェックしてみてください。

冷凍食品を持ち帰るときのコツ

溶けないように冷気を保つ工夫を

冷凍食品を買ったあとはできるだけ早く持ち帰りましょう。溶けないようにドライアイスや保冷剤をもらったり、数個購入すると互いの冷気で溶けにくくなります。備えつけの新聞紙やチラシなどがあれば、それらで包むのも保冷に効果的です。

冷凍野菜を料理するときのコツ

火を通しすぎないように

冷凍野菜は8割方ゆでてから急速冷凍しています。冷凍野菜をサラダや和え物にするときは、凍ったまま熱湯にさっと湯通ししてから使いましょう。汁物や煮物、炒め物などにするときは、加熱のしすぎに注意しましょう。

使いかけを保存するときのコツ

保存袋や容器で二重に密閉

冷凍食品を使うときは、必要な分を手早く取り出してすぐにしまいましょう。のんびりしていて溶けてしまうと、冷凍庫に戻しても再冷凍されて味が落ちます。また、しまうときに輪ゴムやクリップで封をするだけはNG。酸化や乾燥を防ぐため、冷凍用保存袋や密閉容器に入れて保存しましょう。

ペットボトルを活用しても
ミックスベジタブルは、よく洗ったペットボトルに入れて保存するのもおすすめです。ボトルをふって必要な分が取り出せ、便利です。

Q 一度溶けた冷凍食品は再冷凍してもいいの？

A 味と質が損なわれるので、そのまま再冷凍はNG。とくに、家庭の冷凍室での再冷凍はおすすめできません。冷凍食品を使って調理したものなら冷凍してもOK。できるだけ早く調理して食べきりましょう。

PART

2

食材長持ち！

冷蔵・冷凍の基本

知っているようで知らないことも多いかも？
食品冷蔵と冷凍の、基本的な知識を紹介します。

食品 冷蔵 の基本

1 食品は空気にふれないように

食材は、空気にふれることで雑菌が繁殖しやすくなり、傷みも進行します。また、酸化して鮮度や風味が落ちる原因にも。できるだけ空気にふれないように密閉することが大切です。

ラップはぴっちりとかける

ラップをかけるときは空気にふれないようにぴっちりとかけ、傷みやすいものはさらに密閉できる保存袋に入れて冷蔵庫で保存します。

ポリ袋の口はしっかり閉じる

ポリ袋に入れる場合は、口をしっかり閉じて。

2 素材に適した冷蔵室へ

冷蔵庫は、室温では傷みやすい食材を保存するためのもの。多くの冷蔵庫には、野菜室や特別低温室など、素材に適した温度設定の場所があるので、使い分けましょう。

なお、根菜や夏野菜など一部の野菜は、丸ごとの場合冷蔵に向きません。それぞれに適した包装をして、冷暗所や風通しのよい場所で保存します。

冷蔵保存は4種類！

冷蔵室 3〜5℃
青菜などの比較的低温に向く野菜のほか、乳製品や加工品などに適しています

野菜室 6℃前後
夏野菜など、低温障害をおこしやすい野菜や、果物に適しています

特別低温室
冷蔵室よりも低い温度で、おもに野菜以外の保存に適しています

チルド室 0℃
鮮度を保ちつつ凍らせたくない食材に適しています

パーシャル室 −3℃
おもに肉、魚介の鮮度保持に適しています

3 できるだけ早く食べきる

食材を保存できる期間はものによって当日〜数日とさまざまですが、いずれにしても時間とともに風味は少しずつ損なわれていくので、早く食べきるのがおすすめです。食べきれないと思うものは、新鮮な状態で作りおきのおかずにしたり、冷凍したりするとよいでしょう。

冷蔵よりも長くもたせることができる冷凍保存。各素材の冷凍方法はp.70〜紹介しています。

食べきれないときは、早めに冷凍したり、作りおきおかずに！

食材が新鮮なうちに調理・冷凍すれば、無駄にならない上、とても便利！ 冷凍調理済みおかずはp.38〜紹介しています。

肉・魚・野菜
素材別冷蔵保存のコツ

保存方法によって日持ちに大きな差が出る生鮮食品。
肉、魚、野菜の保存のコツを紹介します。

肉　基本はパックのまま保存

できれば特別冷蔵室へ

肉はできるだけ低い温度での冷蔵が望ましく、チルド室やパーシャル室などの特別低温室がおすすめ。ない場合は冷蔵室で保存します。基本的にパックのまま保存でOKですが、ラップで包むとより空気にふれにくくなり、冷蔵庫の中で場所もとりません。

> ラップで包むならぴっちりと

ラップで包む場合は、肉にラップを密着させて、閉じ目もぴっちりとつけて特別低温室で保存します。パックを使いきれず余ったときも同様です。

魚　1切れずつラップで包む

とくに早く食べきる

魚介は生鮮食品の中でも傷みやすいため、できるだけ早く食べきりましょう。すぐに料理しない場合はラップでぴっちり包んで特別低温室へ。一尾の場合は、内臓やエラを取り除いてからラップで包みます。これは冷凍の場合も同様です。

> 一尾の場合はまず内臓を処理

一尾魚は内臓から傷んでいきます。すぐに料理しない場合でも、内臓、エラだけは取り除きましょう。

野菜 水分をキープしやすいように工夫を

基本はポリ袋で保存

生野菜はつぶさないように気をつけて保存を。また、水分を逃さないことが、鮮度キープのコツです。そのため、ほとんどの野菜はポリ袋に入れ、口をしっかり閉じて野菜室または冷蔵室で保存します。使いかけの野菜は切り口にぴっちりとラップをあてて乾燥や傷みを防ぎ、さらにポリ袋に入れるとよいでしょう。

また、野菜は育った環境に近づけると長持ちするといわれています。上にのびていたものは立てるなどします。

つぶさないように密封を

ポリ袋に入れたら野菜をつぶさない程度に空気を抜き、口をしっかりと閉じます。

素材に合わせて水分キープ

ぬらしたペーパータオルで包む

木の芽やみょうがなど、乾燥にとくに弱い食材は、ぬらしたペーパータオルではさんだり包んだりして、さらにポリ袋や密封できる保存袋に入れて冷蔵します。

水に弱い食材はペーパーで水分を吸う

葉が薄くやわらかいハーブは水に弱いため、乾いたペーパーをあててポリ袋や密閉容器で保存します。ペーパーには衝撃から守る役割も。

立てる

長ねぎやごぼうなど、もともと立った状態で畑になっていた野菜は立てて保存します。立たせるには、ペットボトルをカットするなど、身近なものを利用するとよいでしょう。

水につける

もやしやセロリの茎は水につけるとシャキッとした状態を保てます。

葉や根は切り落とす

根や葉は野菜の水分を奪うため、切り落として保存します。

\ 「きちんと保存」でどれだけ違う？ /

野菜の1週間保存大実験

左ページで紹介した、野菜の鮮度保持のコツを、
下記の条件で、1週間実験してみました！

※野菜はすべて野菜室で保存しました

ブロッコリー

ポリ袋に入れて立てる

VS

そのまま保存

かぼちゃ

種を取り、乾いたペーパータオルをあて、ポリ袋に入れる

VS

種つきのままポリ袋に入れる

青菜

ポリ袋に入れて立てる

VS

ポリ袋に入れてねかせる

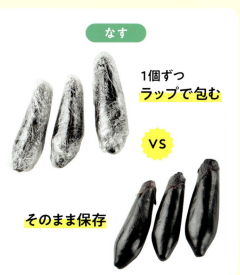

なす

1個ずつラップで包む

VS

そのまま保存

セロリ

水をはった保存容器に茎を入れる

VS

葉と茎をポリ袋に入れる

結果は次のページへ！

野菜の保存大実験

実験結果

ブロッコリー 1週間後

みずみずしさをキープ！

ねかせてあたっていた部分はへこんだ

変色してつぶれている

ふたまわりくらい小さくなり、切り口はへこみ、つぼみは変色してつぶれている。

ポリ袋に入れて立てる VS そのまま保存

かぼちゃ 1週間後

目立って傷んだ様子はなし

少し傷み始めたような様子

わずかに変色し、傷みはじめているような外見に。

種を取り、乾いたペーパータオルをあて、ポリ袋に入れる VS 種つきのままポリ袋に入れる

食品 冷凍 基本の7か条

1 新鮮なうちに冷凍

食材は鮮度が失われないうちに冷凍するのが基本。そのために、買い物の際も、できるだけ新鮮なものを買い求めましょう。

また、傷みかけたものを冷凍しても、おいしくいただくことはできません。食べきれない分はすぐに冷凍して、長くおいしくいただきましょう。

再冷凍はNG！
肉や魚介類は、冷凍品を解凍してから売られているものがあり、ラベルに「解凍」と表示されています。基本的に一度解凍された食材の再冷凍は味が落ちるのでNG。冷凍する場合は「生」の表示の品を選び、解凍された品は冷蔵保存し、早めに使いましょう。

2 できるだけ急速冷凍

食材は冷凍されるまでの時間が短いほど、品質を損なわずおいしさを保って冷凍することができます。アルミなど、冷気が伝わりやすい容器にのせて、素早く凍らせましょう。

熱伝導のよいアルミなどのトレーにのせると、冷気が伝わりやすく、素早く凍らせることができる。

3 小分けして冷凍

食材を小分けしておくと、必要な分だけ取り出せるので、無駄な解凍が避けられ、解凍時間も短縮できます。冷凍する際も、まとめて冷凍するよりも時間の短縮になります。

かたまりのパンや肉などは、切ってから冷凍すると必要な分だけ解凍できる。

4 水分を取る

　食材に余分な水分がついていると霜がつきやすくなり、解凍するときに味が落ちる原因に。また、水分で食材同士がくっついてしまうので、使うときに不便です。しっかりと水気を取ってから冷凍しましょう。

表面の水分はキッチンペーパーでふき取る。

ゆでたものは余分な水分をしっかりときる。

霜がついてしまったときは
肉や魚の場合、極端に霜がついたものは避けたほうが無難です。ドアを頻繁に開け閉めするなど、冷凍庫内の温度が安定しないと、溶けたり凍ったりを繰り返して霜がつくこともあります。

5 空気を抜く

　冷蔵保存の注意点と同様、食材は空気にふれることで雑菌が繁殖しやすくなり、傷みも進行します。保存には密閉容器か冷凍対応の袋を使いましょう。ラップを使うときは、空気にふれないようにぴっちり包み、さらに冷凍用保存袋に入れます。冷凍用保存袋に入れたらストローで中の空気を吸い出して密閉すると万全です。

手を押しつけるようにしてすべらせ、空気を押し出し、保存袋が密着した状態で閉じる。

6 重ねない・薄くする

　食材はできるだけ薄く平らにのばすと、素早く冷凍でき、解凍もスムーズです。凍ったまま調理可のものであれば、割って使うこともできます。

食材が重ならないようにし、液状やペースト状のものは薄く平らにのばす。

7 日付を書く

　冷凍保存した食材をおいしいうちに食べきるために、保存袋などに食品名や日付を書いておきましょう。探しやすく、使い忘れの無駄も防止できます。パック詰めの肉や魚などは、はられていたラベルを切り取って食材が凍ってから保存袋に一緒に入れてもわかりやすいでしょう。

はっきり一目でわかるように記入。

冷凍保存の基本の3 STEP

すぐに食べられない食材は新鮮なうちに冷凍を！
基本の手順を紹介します。

STEP 1 下ごしらえ

生 一番手軽な方法で、肉や魚のほか、野菜も素材によっては生で冷凍可能です。

加熱 生での冷凍に向かない食材に。火が通っているので、調理を時短できるメリットも。

下味 半調理 調理 食材の風味が落ちにくく、手軽に調理する、または温めるだけで食べられます。

STEP 2 小分け冷凍

使いやすい分量ずつ、食材に適した方法で小分けし、冷凍します。

STEP 3 解凍・調理

食材や用途に合わせて解凍し、調理していただきます。本書では下記のレシピを紹介しているので、ぜひ活用してください！

\冷凍することで新しい味や食感に出会える！/
冷凍マジック食材で
おいしい楽しいスピードレシピ
p.8～

\切って冷凍しておくだけで、いつでも気軽に料理ができる/
自家製野菜ミックスで
ラクラク！ボリュームおかず
p.18～

\ひとつの「素」からおかずが何種類も作れる！/
下味冷凍おかずの素で
広がるメニューバリエーション
p.22～

\多めに作って冷凍保存/
すぐに食べたい！が叶う
冷凍調理済みおかず
p.38～

STEP 1 ▶▶▶ STEP 2 ▶▶▶ STEP 3

STEP 1 下ごしらえ

冷凍しやすいように、素材に合わせた下処理をします。大きく分けて、生のままカット、ゆでるなどの加熱、下味などの半調理や調理があります。

生

肉や魚のほとんどは生で冷凍可能。魚は傷みにくいように内臓を取り除き、水分をふき取って。酒と塩をふると臭みとパサつきを抑えられます。肉はスジがあれば切ったり、余分な脂を取り除いておきましょう。野菜もにんじんやキャベツ、れんこん、ごぼうなどは生のまま冷凍できます。使いやすく切ったりちぎったりして保存すると、調理にすぐ使えて便利です。

余分な脂は取り、スジは切って

魚の水分はふき取って

丸ごと野菜のヘタや葉は取って冷凍!

サイズを揃えると解凍ムラが出にくい!

加熱

生のままでは冷凍できない野菜や、傷みやすいレバーなどの内臓、加熱して冷凍しておくと使い勝手のよい食材などは、ゆでる、煮る、焼くなどの加熱処理をしてから冷凍します。

野菜をゆでるときは固ゆでにするのが基本!

食感の変わりやすい食材はつぶしたりほぐしてから冷凍!

下味 半調理 調理

肉や魚は、下味をつけてから冷凍しておくと、生よりも風味が落ちにくく、調理も手軽になります。あとは焼くだけ、揚げるだけというところまでの半調理も、調理時間の短縮に。調理して冷凍する作りおきも重宝します。

下味をつけると風味が落ちにくい!

焼くだけですぐに食べられる!

冷凍保存の基本の3STEP

STEP 2 小分け冷凍

下ごしらえした食材を、冷凍・解凍しやすいように小分けします。食材によっては割って使えるように、まとめて薄くならして冷凍します。

小分けして・ばらして冷凍

ラップ小分け

使いやすい分量ずつ小分けにしてラップで包み、冷凍用保存袋に入れて冷凍します。小型の冷凍用保存容器に入れて保存してもよいでしょう。

1回に使いやすい分量に分けて!

薄い食材は間にラップをはさんで重ねても!

カップ小分け

お弁当用のカップに小分けにし、アルミトレーにのせてラップをかけて冷凍します。冷凍用保存容器に入れて冷凍してもよいでしょう。容器に高さがある場合は、食材ができるだけ空気にふれないように、ラップで覆いましょう。

保存容器は高さがあれば、ラップをかけてからふたをして!

ばら冷凍

アルミトレーにばらばらにのせて冷凍!

食材をばらして冷凍することをばら冷凍といいます。冷凍用保存袋の中でくっついてしまいそうな食材は、アルミトレーに食材同士をくっつかないようにのせてラップで覆い、冷凍します。

くっつきにくいものは袋に直接ばらして入れて!

アルミトレーにのせると凍るまでの時間が短縮!

STEP 1 ▶▶▶ STEP 2 ▶▶▶ STEP 3

冷凍用保存袋に直接入れて冷凍

汁気のあるものは、小さめの冷凍用保存袋に食べやすい分量ずつ小分けして冷凍します。

ひき肉やすり身などは、冷凍用保存袋に薄く平らに入れて、使いやすい分量のところにスジ目をつけて冷凍。凍ったら使う分だけ折って取り出しましょう。細かくカットした玉ねぎや長ねぎなども、同様に冷凍すると必要な分だけ折って使えます。

ひき肉はスジをつけると割って使いやすい！

汁気のあるものは袋に小分け！

冷凍用保存袋にまとめて冷凍

ばら冷凍した食材は、凍ったら冷凍用保存袋にまとめて、空気を抜いて閉じましょう。ラップで小分けした食材も、袋に入れて二重にすることで、酸素によりふれにくくなり、風味を保てます。

液体は製氷皿が便利

だしなどの液体は、製氷皿に流し入れて冷凍し、凍ったら冷凍用保存袋や保存容器に移し替えましょう。少量ずつ冷凍用保存袋に薄く平らに入れて冷凍しても、割って使えて便利です。

だしを冷凍しておくと少量使いたいときに便利！

冷凍保存の基本の3STEP

STEP 3 解凍・調理

冷凍しておいた食材をおいしく調理。
食材に合わせて、適切な方法を選びましょう。

半解凍とは？

完全に解凍するのではなく、半分くらい解凍すること。表面は解凍されて、中はまだ凍っているような状態で、包丁が無理なくサクッと入ります。粘りのある野菜やサクの刺身などは、半解凍の状態が切りやすく扱いやすいでしょう。

冷蔵庫解凍

冷蔵庫内で時間をかけて解凍する方法で、肉や魚介類に適しています。低温でゆっくり解凍することでドリップ（食材を解凍するときに出る水分）を少なくし、味が落ちるのを防ぎます。調理の時間に合わせて冷凍室から冷蔵室に移しておきましょう。

時間はかかるけど解凍の基本

流水解凍

冷凍用保存袋のままボウルに入れ、流水にさらして解凍します。急いでいるときや大きなもの、大量に解凍したいときに適した方法です。40℃くらいのお湯を流しかけてもよいですが、頻繁に裏返すなどして、食材に熱が通らないように気をつけ、解凍したらすぐに使います。

急ぐときは40℃くらいのお湯でもOK

STEP 1 ▶▶▶ STEP 2 ▶▶▶ STEP 3

電子レンジ解凍

電子レンジでの解凍は、加熱した食材や調理済みの食材の解凍に適しています。基本的に、油脂が含まれるものは冷凍用保存袋のまま解凍から温めまで一気にせず、解凍したら耐熱容器に移し替えて温めます。とくにカレーやシチューなど油脂が多く含まれているものは、高温になりすぎることがあるので、ある程度まで解凍したら必ず耐熱容器に移しましょう。

油脂の多いものは途中で移し替えて温めて！

室温解凍

キッチンの風通しのよい場所に置いておく解凍法で、常温解凍とも。ソースやたれ、野菜類、菓子類など、解凍してそのままいただくものに適しています。長時間放置はもちろんNG。解凍したらすみやかに調理するか、いただきます。

凍ったまま調理

一部の野菜やひき肉などは、凍ったままで調理したほうが素材の風味が損なわれず、解凍時間も不要で時短になります。凍ったまま焼く、炒める、蒸す、煮る、揚げるなど、加熱の方法はさまざまです。

肉・魚はNG

ドリップが出てしまいます！

おもに野菜。ひき肉にも適しています！

COLUMN
よく使う冷蔵・冷凍保存グッズ

食品の乾燥を防ぐ、酸化を防ぐなど、用途に合わせてグッズを使いわけて、
食品の質をできるだけ落とさずに保存しましょう！

ラップ
食材の小分けや包装に欠かせないラップ。ラップで包んだまま電子レンジで加熱することも多いので、冷凍から電子レンジまで、幅広く使用できるタイプを選びましょう。

保存袋、保存容器
保存袋は、野菜の冷蔵用や、食品全般の冷凍用など、製品によって用途が異なるので確認して購入を。冷凍用の保存袋や保存容器は密閉でき、酸化や霜、におい移りを防ぎます。

キッチンペーパー、新聞紙
キッチンペーパーは食品の水気をふき取るときに使うほか、ハーブなどの水気や衝撃に弱い野菜を冷蔵する際に包むときにも使います。新聞紙は大きな野菜や泥つきの野菜を包むときに便利。乾燥に弱い野菜を包むときは、ぬらしても破れにくく重宝します。

アルミトレー
食材を急速冷凍するには、熱伝導の速いアルミトレーが最適。単に冷凍室に入れるよりも速く凍らせることができます。お菓子のアルミ缶のふたや、アルミのお弁当箱などでも代用できます。

アルミホイル
肉や魚など脂のあるものや、油を使った食品は、ラップで包んでからさらにアルミ箔で包むと、酸化のもととなる光を遮断できます。アルミは効率よく冷気を伝えるので、素早く冷凍できるメリットも。

その他
ストロー（冷凍用保存袋内の空気を吸い出す）、**ラベルシール**（保存袋や容器に食品名と日付を記載する）、**脱水シート**（魚介類の余分な水分や臭みを取り除く）、**製氷機**（だしなどを冷凍する）、**お弁当用カップ**（おかずを小分けする）などがあると便利。

PART 3

野菜・肉・魚介類・卵・乳・加工品

素材別
冷蔵・冷凍法

よく使う野菜、肉、魚介類、乳製品、卵、加工品を、
家庭の冷蔵庫で上手に冷蔵・冷凍保存するコツを紹介します。

青菜類（ホウレンソウ、小松菜、春菊など）

冷蔵

保存方法

 +
ラップで包む　立てる

保存期間 2～3日

包んで立てる
洗って水気をふき取り、ラップなどで包み、立てて保存。

冷凍

ゆでて冷凍　加熱

保存期間 2～3週間

MEMO トレーで凍らせても
トレーに並べて凍らせ、凍ったら冷凍用保存袋に入れ替えてもOK。

青菜をたっぷりの熱湯で塩ゆでし、冷水にとる。水気をしっかり絞る。

棒状にして冷凍

凍ったまますりおろせて便利！

ゆでた青菜を2～3株ずつに小分けし、棒状のままラップでぴっちり包み、冷凍用保存袋に入れて冷凍する。

解凍方法　室温　冷蔵庫

活用メモ
カットし、おひたし、和え物、汁物、炒め物などさまざまに使えます。凍ったまますりおろせるので、グラタンやパスタ、カレーなどのソース類、お菓子作りにも重宝。

カットして冷凍

使いやすい長さに切り、小分けにしてラップでぴっちり包み、冷凍用保存袋に入れて冷凍する。

解凍方法　室温　冷蔵庫　（おひたしや和え物にするなら水にくぐらせて解凍してもOK）

活用メモ
炒め物の他、よく絞っておひたしや和え物にも！

> ペースト状にして冷凍

1

ゆでた青菜を短く切り、すり鉢に入れてすりこ木ですりつぶす。フードプロセッサーにかけてもよい。

2

冷凍用保存袋に薄く平らに入れ、冷凍する。

(解凍方法)
　　　　　　　室温　　冷蔵庫

(活用メモ)
グラタンやパスタ、カレーなどのソース類に手軽に混ぜられます。お菓子作りの生地に混ぜても。

活用RECIPE

ほうれん草とベーコンのガーリック炒め

材料(2人分)
冷凍ほうれん草（ゆでてカットしたもの）
　…1束：半解凍にする
ベーコン（冷凍の場合半解凍）…2枚
オリーブ油…大さじ1
にんにく（みじん切り／冷凍の場合半解凍）…1片
塩、粗びき黒こしょう…各少々

1. ベーコンは短冊切りにする。
2. フライパンにオリーブ油とにんにくを入れて弱火にかけ、香りがたったら1を加えて中火で炒める。
3. ほうれん草を加えて炒め、全体に油が回ったら、塩、粗挽き黒こしょうをふる。

> 冷凍作りおきおかずRECIPE

小松菜の煮びたし

保存期間 **2〜3週間**

材料(2〜3人分)
小松菜…1把：4cm長さに切る
油揚げ…1枚：油抜きして短冊切りにする
だし…1カップ
しょうゆ、酒…各大さじ1強
塩…少々

1. 鍋にだし、しょうゆ、酒を合わせて煮立て、小松菜の軸、油揚げを加える。
2. 再び煮立ったら小松菜の葉を加え、ひと煮立ちさせる。
3. 食べやすい分量ずつ小分けにして冷凍用保存袋に煮汁ごと入れ、冷凍する。

(解凍方法)
　　　　　　　冷蔵庫　電子レンジ

アレンジRECIPE

小松菜の煮びたし卵とじ

材料(2人分)
冷凍小松菜の煮びたし…全量：冷蔵庫で半解凍する
水…大さじ2
めんつゆ（2倍濃縮）…大さじ1
卵…2個：溶きほぐす

1. 小鍋に小松菜の煮びたし、分量の水を入れて火にかける。
2. 煮立ったらめんつゆを加え、溶き卵を回し入れ、ふたをして火を止めて蒸らす。

アスパラガス

冷蔵

(保存方法)

ポリ袋に入れる ＋ 立てる

保存期間 **2〜3日**

ポリ袋に入れて立てる
洗って水気をふき取り、ポリ袋に入れ、立てて保存。

冷凍

ゆでて冷凍 [加熱]

保存期間 **2〜3週間**

1 アスパラガスの根元を切り落とし、使いやすい長さに切って塩ゆでし、冷水にとる。

2 水気をふき取り、冷凍用保存袋に重ならないように入れ、冷凍する。

(解凍方法) 室温 冷蔵庫 電子レンジ 凍ったまま調理

(活用メモ)
和え物や炒め物など、サイドメニューがさっと作れて便利！

うど

> 丸ごとの場合は新聞紙で包み、冷暗所で保存

冷蔵

(保存方法)

ポリ袋に入れる ＋ 立てる

保存期間 **1〜2日**

ポリ袋に入れて立てる
根元のかたい部分を切り落とし、穂先と茎を切り分けてポリ袋に入れ、立てて野菜室で保存。

冷凍

ゆでて冷凍 [加熱]

保存期間 **2〜3週間**

うどを食べやすい大きさに切り、酢水にさらしてさっとゆでる。冷めたら使いやすい量に小分けしてラップでぴっちり包み、冷凍用保存袋に入れて冷凍する。

> **MEMO**
> うどは切ったそばから酢水にさらし、アクを抜いてから冷凍します。水につけすぎるとうど特有の香りが損なわれるので気をつけましょう。

(解凍方法) 室温 凍ったまま調理

(活用メモ)
煮物に使うのがおすすめ。サラダに使いたいときは生がおすすめです。

オクラ

冷蔵

保存方法 ポリ袋に入れる

保存期間 **3〜4日**

ポリ袋に入れる
水気をふいてポリ袋に入れ、野菜室で保存。

冷凍

ゆでて冷凍 　加熱

保存期間 **2〜3週間**

1

オクラに塩をすり込み、かためにゆでる。

2 水気をふき取り、丸のまま、または小口切りにして冷凍用保存袋に重ならないように入れ、冷凍する。

解凍方法 室温 冷蔵庫 電子レンジ 凍ったまま調理

活用メモ
和え物やおひたしに！ 切ったり味つけしたりするのは、半解凍状態が粘りが出ず扱いやすいのでおすすめ。

活用RECIPE
とろろポン酢

材料（作りやすい分量）
冷凍山いも…150g
冷凍オクラ…5本：冷蔵庫で半解凍にする
ポン酢しょうゆ…大さじ2

1 山いもはすりおろす。オクラは粗く刻む。
2 1、ポン酢しょうゆを混ぜ合わせる。ハンバーグなどにかけて食べる。

かいわれだいこん

冷蔵

保存方法 ポリ袋に入れる ＋ 立てる

保存期間 **4〜5日**

ポリ袋に入れて立てる
使うまでは袋から出さずに立てて野菜室で保存。

乾燥を嫌う野菜。根のスポンジが乾いていたら水をやり、使いかけはポリ袋に入れて同様に保存。スポンジから切り離した場合は、ぬらしたキッチンペーパーで包んでポリ袋に入れ、同様に保存。

MEMO
基本的に冷凍には向きません。余ってしまったときは、汁物や煮物の青みにしたり、刻んで和え物やおひたしにしたりして、早めに使い切りましょう。薄切り肉やハムで巻いてもおいしくいただけます。

PART 3 素材別冷蔵・冷凍法 野菜

アスパラガス・うど・オクラ・かいわれだいこん

かぶ

冷蔵

保存方法：ラップで包む ＋ ポリ袋に入れる

保存期間 **3〜4日**

ラップで包む
葉がついていたら切り落とし、実は切り口にラップをあててそれぞれポリ袋に入れ、野菜室で保存。

冷凍

塩もみして冷凍 ｜下味

保存期間 **2〜3週間**

1. 実はいちょう切りにし、塩をふってもむ。水洗いして水気を絞る。

2.  小分けにしてラップでぴっちり包み、冷凍用保存袋に入れて冷凍する。

解凍方法：室温／電子レンジ

活用メモ：しんなりしているのでさっと酢の物などに！

ゆでて冷凍 ｜加熱

保存期間 **2〜3週間**

 かぶを食べやすい大きさに切り、かためにゆでる。冷凍用保存袋に重ならないように入れ、冷凍する。

解凍方法：室温／電子レンジ／凍ったまま調理

活用メモ：煮物などに。

MEMO｜ゆで加減はかために

かぶは火が通りやすいので、かためにゆでておくのがコツ。煮物などの加熱調理に使うときは、火を通しすぎないようにしましょう。

下味をつけて冷凍 ｜下味

保存期間 **2〜3週間**

 かぶを食べやすい大きさに切り、甘酢（酢大さじ1と⅓、砂糖大さじ1と½、塩小さじ¼を合わせて溶かす）に漬ける。小分けにして冷凍用保存袋に甘酢ごと入れ、軽く汁気をきってラップで小分けにしてもよい。

解凍方法：室温

活用メモ：サラダや、そのままでお弁当にもぴったり！

活用RECIPE

白菜とかぶの甘酢サラダ

材料（2人分）
冷凍塩もみ白菜（→p.96）…70g
冷凍かぶ（甘酢漬け）…80g（甘酢も含む）：室温解凍する
赤唐辛子の小口切り…½本分

1. 白菜とかぶの甘酢漬けの汁気をきり、白菜、赤唐辛子を加えて和える。

かぼちゃ

冷蔵

保存方法

 ポリ袋に入れる

保存期間 1週間

ポリ袋に入れる
カットしたものは冷蔵。ワタと種を取り、ポリ袋に入れて野菜室で保存。

丸ごとのものは冷暗所で保存。保存期間は1～2か月くらい。

冷凍

加熱して冷凍　加熱

保存期間 2～3週間

ワタと種を取り、ところどころ皮をむいて使いやすい大きさに切り、電子レンジで加熱する（または蒸す）。

形を残して冷凍

冷めたら冷凍用保存袋に重ならないように入れ、冷凍する。

解凍方法 室温　 冷蔵庫　 凍ったまま調理

活用メモ
煮汁に入れて煮物に。薄切りで冷凍して、お肉と一緒に焼いても美味しい！

マッシュして冷凍

保存袋の上からつぶすと手軽！

かぼちゃが熱いうちに皮を取り除いて冷凍用保存袋に入れ、袋の上からつぶす。

解凍方法 室温　 冷蔵庫　 凍ったまま調理

活用メモ
スープやお菓子作りに！

活用RECIPE

かぼちゃのポタージュ

材料（2人分）
冷凍かぼちゃ（マッシュ）…100g
牛乳…1と1/2カップ
顆粒コンソメ…小さじ1/2
塩、こしょう…各少々

1. 鍋に冷凍かぼちゃを凍ったまま入れ、牛乳を加えて中火で温める。
2. コンソメを加え、塩、こしょうで味を調える。

きのこ （しいたけ、しめじ、えのきたけ、まいたけ、エリンギ、まつたけ、なめこ）

冷蔵

保存方法

保存期間 2〜3日

ラップかペーパーで包んでポリ袋へ

袋のままか、ラップかキッチンペーパーで包んでポリ袋に入れ、野菜室へ。

冷凍

生のまま冷凍　生

保存期間 3〜4週間

しいたけ

1

石づきを切り落とす。

2

冷凍用保存袋に重ならないように入れ、冷凍する。

> **MEMO　薄切りにして冷凍しても**
> 薄切りにする場合は、軸を取ってから使いやすい厚さにスライス。取った軸は細かく裂いて一緒に冷凍します。

しめじ、えのきたけ、まいたけ、エリンギ

しめじは石づきを切り落として使いやすい大きさにほぐす。

えのきたけは根元を切り落としてほぐす。

まいたけは使いやすい大きさにほぐす。

エリンギは使いやすい大きさにカットする。それぞれ冷凍用保存袋に入れて冷凍する。

解凍方法 室温 冷蔵庫 電子レンジ 凍ったまま調理
（エリンギは電子レンジ解凍または凍ったまま調理）

活用メモ
スープや炒めもの、ホイル焼きなどに！

マッシュルーム

冷凍用保存袋に重ならないように入れ、冷凍する。

解凍方法
室温　凍ったまま調理

活用メモ
ソテーにして肉や魚のつけ合わせに！

きのこミックス

下処理をした好みのきのこを冷凍用保存袋にまとめて入れ、薄く平らにして冷凍する。

解凍方法
室温　冷蔵庫　電子レンジ　凍ったまま調理

活用メモ
スープや炒め物に（レシピ→p.14、p.15、p.181）。

まつたけ

石づきを切り落とし、かたく絞ったぬれぶきんで汚れを取る。酒をふってしばらくおき、薄めに切って焼き網で炙る。冷めたら冷凍用保存袋に重ならないように入れ、冷凍する。

解凍方法
冷蔵庫

活用メモ
スープに入れたり、炒めてパスタの具に！

> **MEMO**
> **なめこは袋のまま保存**
> 冷蔵は袋のままで。冷凍は袋ごと冷凍用保存袋に入れて冷凍。冷凍保存の目安は3～4週間。凍ったまま調理します。
>
>

冷凍作りおきおかずRECIPE

きのこの甘辛煮

保存期間 2～3週間

材料（作りやすい分量）
えのきたけ
　…1袋：根元を切り食べやすい長さに切る
しめじ…1袋：石づきを切りほぐす
なめこ…1袋
しょうゆ、みりん、酒…各大さじ2

1. 鍋にすべての材料を入れ、汁気が半分くらいになるまで7～8分煮る。使いやすい量に分けてラップで包み、冷凍用保存袋に入れて冷凍する。

解凍方法
電子レンジ

活用メモ
そのままお惣菜として。卵に混ぜてオムレツなどに。

アレンジRECIPE

きのこの和風オムレツ

材料（2人分）
きのこの甘辛煮…100g：解凍する
万能ねぎ（小口切り）…大さじ2
卵…3個
サラダ油…大さじ1
つけ合わせ
　さやえんどう…8枚：ゆでる
　すり白ごま…小さじ1
　塩…少々
　ミニトマト…2個

1. ボウルに卵を割りほぐし、きのこミックス、万能ねぎを加えて混ぜ合わせる。
2. フライパンにサラダ油を中火で熱し、1の半量を加えて菜箸で大きく混ぜながら、オムレツ形にととのえる。残りの半量も同様にする。
3. つけ合わせを作る。さやえんどうは斜め半分に切ってごまで和え、塩をふる。ミニトマトは半分に切る。
4. 器に2を盛り、3を添える。

PART 3 ・素材別冷蔵冷凍法 野菜　きのこ

キャベツ

冷蔵

保存方法
ポリ袋に入れる

保存期間 **4〜5日**

芯をくり抜きポリ袋に入れる

芯をくり抜き、切り口にぬらしたキッチンペーパーをあててポリ袋に入れ、野菜室で保存。

冷凍

カットして冷凍　[生]

保存期間 **2〜3週間**

キャベツをざく切りにし、冷凍用保存袋に薄く平らに入れ、冷凍する。

解凍方法
冷蔵庫／凍ったまま調理

活用メモ：そのままちゃんちゃん焼きなどの炒め物や汁物に！

炒めて冷凍　[加熱]

保存期間 **2〜3週間**

キャベツをざく切りにして油でざっと炒め、冷めたら使いやすい量に小分けしてラップでぴっちり包み、冷凍用保存袋に入れて冷凍する。

解凍方法
室温／冷蔵庫／流水

活用メモ：ホイコーローなどの炒め物、卵とじなどに。火が入っているので調理時間が短縮できます。

ゆでて冷凍　[加熱]

保存期間 **2〜3週間**

1

葉を1枚ずつはがしてゆでる。

2 ゆでてからカットしても

1枚ずつ、またはカットして使いやすい量に小分けしてラップでぴっちりと包み、冷凍用保存袋に入れて冷凍する。

解凍方法
室温／流水

活用メモ：1枚のままの葉はロールキャベツに。カットした葉は手軽におひたしや和え物に！

きゅうり

冷蔵

保存方法

 ポリ袋に入れる

保存期間 4～5日

ポリ袋に入れる
ポリ袋に入れて野菜室で保存。

冷凍

塩もみして冷凍 下味

保存期間 2～3週間

1

きゅうりを薄い輪切りにして塩をふり、しんなりしたら軽くもむ。水洗いして水気を絞る。

2

冷凍用保存袋に薄く平らに入れ、冷凍する。

解凍方法 室温 冷蔵庫

活用メモ
ちらしずしやサラダ、酢の物にすぐに使えて便利！

クレソン

冷蔵

保存方法

 ポリ袋に入れる ＋ 立てる

保存期間 2～3日

ポリ袋に入れて立てる
ポリ袋に入れて野菜室で立てて保存。茎の切り口にぬらしたキッチンペーパーをまきつけてもよい。

冷凍

冷凍はおすすめしません。

ゴーヤ

冷蔵

(保存方法)

ポリ袋に入れる

保存期間 **1週間**

ポリ袋に入れる
ポリ袋に入れて野菜室で保存。使いかけは切り口をラップでぴっちり包み、ポリ袋に入れて野菜室へ。

冷凍

カットして冷凍 | 生

保存期間 **2〜3週間**

ゴーヤを縦半分に切ってワタと種を取り除き、冷凍用保存袋に重ならないように入れ、冷凍する。

(解凍方法) 凍ったまま調理

(活用メモ)
和え物や炒め物、汁物などいろいろな料理に！

ゆでて冷凍 | 加熱

保存期間 **2〜3週間**

ゴーヤを縦半分に切ってワタと種を取り除き、薄切りにして塩をふり、出てきた水分をふき取ってからさっとゆでる。水気を取り、冷凍用保存袋に重ならないように入れ、冷凍する。

(解凍方法) 冷蔵庫 流水

(活用メモ)
和え物や汁物に！

炒めて冷凍 | 加熱

保存期間 **2〜3週間**

薄く輪切りにしてワタと種を取り、フライパンで炒め、ばら冷凍（→p.64）する。

(解凍方法) 電子レンジ 凍ったまま調理

(活用メモ)
炒め物や汁物に！

ごぼう

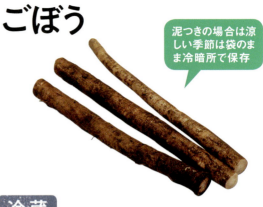

> 泥つきの場合は涼しい季節は袋のまま冷暗所で保存

冷蔵

(保存方法) ポリ袋に入れる ＋ 立てる

保存期間 **1週間**

ポリ袋に入れて立てる
ポリ袋に入れ（洗いごぼうの場合はラップでぴっちり包み）、野菜室で立てて保存。

冷凍

カットして冷凍 | 生

保存期間 **2〜3週間**

p.20冷凍根菜ミックス参照。

ゆでて冷凍 | 加熱

保存期間 **2〜3週間**

ごぼうをささがきや細切りにし、水にさらしてアクを抜く。ゆでてザルにあげ、冷めたら水気をふいて冷凍用保存袋に平らに入れ、冷凍する。

(解凍方法) 凍ったまま調理

(活用メモ)
甘辛い煮汁で肉やねぎと一緒に煮て、おかずや丼ものに。

さつまいも

常温・冷蔵

（保存方法）

 常温 新聞紙で包む
 冷蔵 ラップで包む

保存期間 **1週間**

新聞紙で包む

冷蔵すると傷みやすいので、新聞紙で包み、冷暗所で保存する。使いかけはラップで包み、野菜室で保存。

PART 3 素材別冷蔵・冷凍法 野菜

ゴーヤ・ごぼう・さつまいも

冷凍

ゆでて冷凍　加熱

保存期間 **2〜3週間**

さつまいもを皮つきのまま輪切りにし、水にさらしてアクを抜き、ゆでる（または電子レンジで加熱する）。

マッシュして冷凍

1　ゆでたら熱いうちに皮をむいてつぶす。

2　冷凍用保存袋に薄く平らに入れ、冷凍する。

（解凍方法） 室温　冷蔵庫　電子レンジ

（活用メモ）
お菓子作りやお焼き（下記）に。

活用RECIPE

さつまいものお焼き

材料（2〜3人分）
冷凍さつまいも（マッシュ）
　…50〜60g：電子レンジで解凍する
A（片栗粉大さじ1と1/2、バター大さじ1）
牛乳…適宜
片栗粉…大さじ1
サラダ油…適量

1　さつまいもが温かいうちにAを加え、混ぜる。パサつく場合は牛乳を加えて調整する。
2　1を食べやすい大きさに成形し、片栗粉をまぶす。
3　フライパンにサラダ油を薄く引いて熱し、2を並べ入れ、弱火で両面を焼く。

輪切りのまま冷凍

冷めたら冷凍用保存袋に重ならないように入れ、冷凍する。

（解凍方法）
室温　電子レンジ　凍ったまま調理

（活用メモ）
煮物やソテーに。加熱してあるので時短になります！

さといも

常温

保存方法

新聞紙で包む

保存期間 1週間

新聞紙で包む
冷蔵すると傷みやすいので、泥つきのまま新聞紙で包み、冷暗所で保存。

冷凍

カットして冷凍 〔生〕

保存期間 2〜3週間

さといもの皮をむいていちょう切りにし、水にさらして水気をふく。冷凍用保存袋に重ならないように入れ、冷凍する。

解凍方法

凍ったまま調理

活用メモ
煮物や揚げ物にさっと使えて便利!

ゆでて冷凍 〔加熱〕

保存期間 2〜3週間

1 さといもの皮をむいて輪切りにする。

2 １を水からゆでる。

3 冷めたら冷凍用保存袋に重ならないように入れ、冷凍する。

解凍方法

室温　電子レンジ　凍ったまま調理

活用メモ
煮物や揚げ物に。火が入っているので時短になります!

活用RECIPE

さといものごま揚げ

材料（1人分）
冷凍さといも（切ってゆでたもの）
　…3切れ：電子レンジで解凍する
片栗粉…大さじ1
いり黒ごま…小さじ1
溶き卵…少々
揚げ油…適量

1 片栗粉にごまを加えて混ぜる。
2 さといもに溶き卵を絡めて1をまぶし、中温に熱した揚げ油で揚げる。

じゃがいも

涼しい時期は新聞紙で包み冷暗所で保存

PART 3 素材別冷蔵・冷凍法 野菜

さといも・じゃがいも

冷蔵

保存方法
保存期間 1週間

ポリ袋に入れる

暑い時期はポリ袋に入れて野菜室で保存。使いかけはラップでぴっちり包み、野菜室で保存。

冷凍

カットして冷凍 | 生

保存期間 2〜3週間

棒状に切って水にさらし、水気をよくふき取って冷凍用保存袋に重ならないように入れ、冷凍する。

解凍方法 凍ったまま調理

活用メモ
常温の油に凍ったまま入れ、火をつけて揚げます。

ゆでてマッシュして冷凍 | 加熱

保存期間 2〜3週間

1 じゃがいもを皮つきのまま水からゆでる。

2 熱いうちに皮をむいてつぶし、冷凍用保存袋に平らに入れ、冷凍する。

解凍方法 室温 電子レンジ

活用メモ
サラダやコロッケがすぐ作れます！

活用RECIPE

ひき肉とじゃがいもの揚げ物

材料（2〜3人分）
冷凍じゃがいも（マッシュ）
　…大1個分：電子レンジで解凍する
冷凍玉ねぎ（みじん切りにして炒めたもの）
　…1/4個分：電子レンジで解凍する
豚ひき肉（炒めて塩、こしょうで味つけしたもの）
　…100g
小麦粉…大さじ1
卵…1個
塩、こしょう、ナツメグ…各少々
揚げ油…適量

1 ボウルにひき肉、じゃがいも、玉ねぎ、小麦粉、卵を入れて混ぜ、塩、こしょう、ナツメグで調味する。
2 揚げ油を中温に熱し、1をスプーンで成形しながら入れ、こんがりと揚げる。ケチャップ少々（分量外）を添える。

せり

冷蔵

保存方法 ポリ袋に入れる ＋ 立てる

保存期間 **2〜3日**

ポリ袋に入れて立てる

せりをポリ袋に入れ、野菜室で立てて保存。
使いかけはキッチンペーパーで包んでからラップでぴっちり包み、保存袋に入れて保存する。

冷凍

冷凍はおすすめしません。

セロリ

冷蔵

保存方法1 ポリ袋に入れる ＋ 立てる

保存期間 **2〜3日**

ポリ袋に入れて立てる

セロリを葉と茎に切り分け、ポリ袋に入れるかラップでぴっちり包み、野菜室で立てて保存。

保存方法2 水につける

保存期間 **1週間**

茎を水につける

セロリを葉と茎に切り分け、茎をカットして水をはった保存容器に入れて野菜室で保存（葉はポリ袋に入れて野菜室で保存）。

冷凍

カットして冷凍 | 生

保存期間 2〜3週間

1

セロリを葉と茎に切り分け、茎を使いやすいようにカットする（斜め切りや薄切り、細切り、小口切りなど）。

2

茎、葉をそれぞれ冷凍用保存袋に薄く平らに入れ、冷凍する。

解凍方法
凍ったまま調理

活用メモ
炒め物やスープに！

活用RECIPE

セロリともやしのナムル

材料（2人分）
冷凍長ねぎ（みじん切り）…5cm分
冷凍セロリ（薄切り）…1本分
冷凍もやし…80g
ごま油…小さじ1
にんにく（みじん切り）…1かけ分
A（酒大さじ½、しょうゆ小さじ1）
糸唐辛子…少々

1. フライパンにごま油、凍ったままの長ねぎ、にんにくを入れて弱火で炒める。香りがたったら、凍ったままのセロリともやしを加え、炒める。
2. 全体に油が回ったら、Aを加えて汁気がなくなるまで炒める。
3. 器に盛り、糸唐辛子をのせる。

活用RECIPE

セロリとベーコンのトマトパスタ

材料（2人分）
冷凍セロリ（斜め薄切り）…½本分
冷凍トマトソース（→p.90）…1カップ
ベーコン…1枚：短冊切りにする
スパゲッティ（ゆでたもの）…330g

1. フライパンを熱してベーコンを炒め、脂が出てきたら凍ったままのセロリを加えてさっと炒める。
2. 全体に油が回ったらトマトソースを加え、スパゲッティを加えて和える。

炒めて冷凍 | 加熱

保存期間 2〜3週間

セロリを食べやすい大きさに切り、サラダ油でさっと炒める。冷凍用保存袋に薄く平らに入れ、冷凍する。

解凍方法
冷蔵庫　電子レンジ

活用メモ
解凍してそのまま和え物にできて手軽！

活用RECIPE

セロリとささみのカレーマヨ和え

材料（1人分）
冷凍セロリ（炒めたもの）
　…30g：室温または電子レンジで解凍する
鶏ささみ（ゆでて裂いたもの）…1本分
A（マヨネーズ大さじ1、カレー粉・粗びき黒こしょう各少々：混ぜ合わせる）

1. セロリと鶏ささみをAで和える。

ブーケガルニにして冷凍 | 生

保存期間 2〜3週間

1

セロリの葉と細い茎は、にんじんの皮、パセリの茎、玉ねぎの芯などと一緒にたこ糸でしばり、ブーケガルニを作る。

2

冷凍用保存袋に重ならないように入れ、冷凍する。

解凍方法: 凍ったまま調理

活用メモ: ポトフ、シチューなどを煮込むときに入れると風味豊かに。

MEMO 余った野菜はブイヨンにも

ブーケガルニを煮込みに使うほか、にんじん、玉ねぎ、セロリなどの香味野菜や、ハーブなどのくずや余りを冷凍してためておき、水から煮ると美味しい野菜のブイヨンがとれます。

だいこん

冷蔵

保存方法: ラップで包む ＋ ポリ袋に入れる

保存期間 4〜5日

ポリ袋に入れる

葉がついていたら切り落とし、使いやすい大きさに切り分けてラップでぴっちり包み、ポリ袋に入れて野菜室で保存。

冷凍

カットして冷凍 | 生

保存期間 2〜3週間

1

だいこんをいちょう切りや半月切り、せん切りなど使いやすいように切る。

2

水気をふいて冷凍用保存袋に重ならないように入れ、冷凍する。

解凍方法: 室温　電子レンジ　凍ったまま調理

活用メモ: みそ汁など温めた汁物にそのままポンと入れるだけ！ サラダや酢の物にも。

塩もみして冷凍 　下味

保存期間 **2～3週間**

拍子木切りにして塩をふり、しんなりしたら軽くもみ、水洗いして水気を絞る。使いやすい分量ずつ小分けしてラップでぴっちり包み、冷凍用保存袋に入れ、冷凍する。

解凍方法

室温　電子レンジ　凍ったまま調理

活用メモ
大葉と和えてサラダに、塩や酢、好みのドレッシングで即席漬けなどに。

葉をゆでて冷凍 　加熱

保存期間 **2～3週間**

だいこんの葉をゆでて水気を絞り、刻む。冷凍用保存袋に薄く平らに入れ（またはラップで小分けにして冷凍用保存袋に入れ）、冷凍する。

解凍方法

電子レンジ　凍ったまま調理

活用メモ
菜飯（下記）や汁物の具、料理に青みが欲しいときのトッピングに！

活用RECIPE
菜飯

材料（1人分）
冷凍だいこんの葉（ゆでて刻んだもの）…大さじ2
ごはん（温かいもの）…150g
ちりめんじゃこ…大さじ1

1 温かいごはんにだいこんの葉、ちりめんじゃこを加えて混ぜ合わせる。

たけのこ（水煮）

PART 3 素材別冷蔵・冷凍法　野菜
セロリ・だいこん・たけのこ

冷蔵

保存方法

水につける

保存期間 **4～5日**

水につける
密閉容器にたっぷりの水とともに入れて冷蔵。水は毎日とりかえる。

MEMO
真空パックはそのまま冷蔵
真空パックのゆでたけのこは、そのまま冷蔵室で保存。一度パックから出したら水につけて保存します。

冷凍

煮て冷凍 　加熱

保存期間 **2～3週間**

できるだけ薄く切るか、細切りやみじん切りにして、だしとしょうゆ、みりんで味つけして煮る。汁気をきり、ばら冷凍（→p.64）する。

解凍方法

冷蔵庫　電子レンジ　凍ったまま調理

活用メモ
煮物や炒め物に。冷凍すると食感が変わるので、小さめに切って濃いめの味つけをするのがおすすめ。

玉ねぎ

涼しい時期は紙袋に入れて常温保存

冷蔵

(保存方法)

保存期間 **1週間**

 ポリ袋に入れる

ポリ袋に入れる
ポリ袋に入れて野菜室へ。使いかけはラップでぴっちり包み、早めに食べきる。

冷凍

カットして冷凍 | 生

保存期間 **2～3週間**

1
薄切りやみじん切りにする。

2
冷凍用保存袋に薄く平らに入れ、冷凍する。

(解凍方法) 冷蔵庫 電子レンジ 凍ったまま調理

(活用メモ)
味のベースとして、いろいろな料理に！ 一度冷凍することで、炒めてしんなりするまでに時間がかかりません。

凍ったまま割って使えて便利！

活用RECIPE

豚こまと玉ねぎのケチャップ和え

材料（1人分）
冷凍玉ねぎ（薄切り）…⅛個分：室温で半解凍する。
豚こま切れ肉（ゆでたもの）…65g
パセリのみじん切り…少々
A（トマトケチャップ、酢各小さじ2）、オリーブ油大さじ½、タバスコ（好みで）・塩・こしょう各少々）

1 豚肉と玉ねぎをパセリと**A**で和える。

ごぼう入り豚丼

材料（2人分）
冷凍玉ねぎ（薄切り）…¼個分
A（しょうゆ大さじ1と½、みりん大さじ1、砂糖大さじ½、酒大さじ2、だし1カップ）
豚こま切れ肉…150g
ごぼう…½本：ささがきにしてゆでる
※冷凍でもよい。その場合凍ったまま使う
ごはん…2膳分
七味唐辛子…少々

1 小鍋に**A**を入れ、煮立ったら豚肉を加える。肉の色が変わったら、ごぼうと凍ったままの玉ねぎを加えてアクを取りながら煮る。
2 丼にごはんを盛り、**1**をのせ、七味唐辛子をふる。

炒めて冷凍 | 加熱

保存期間 **2〜3週間**

玉ねぎをみじん切りや薄切りにする。

さっと炒めて冷凍

サラダ油で炒め、冷めたら冷凍用保存袋に薄く平らに入れ、冷凍する。

解凍方法
 室温　 電子レンジ　 凍ったまま調理

活用メモ
肉だねやコロッケのたねに混ぜ込んで風味をアップ！（レシピ→p.83）

あめ色に炒めて冷凍

切った玉ねぎをサラダ油であめ色になるまで炒める。冷めたら冷凍用保存袋に薄く平らに入れ、冷凍する。

解凍方法
 室温

活用メモ
オニオングラタン風スープが食べたい時にすぐ作れます！

活用RECIPE

オニオングラタン風スープ

材料（2人分）
冷凍あめ色玉ねぎ…100g：室温で半解凍する
冷凍鶏むね肉のゆで汁（→p.123）…1と½カップ
クルトン…適量
塩、粗びき黒こしょう…各少々
バター…小さじ½
粉チーズ…大さじ2

1. 鍋にバターを溶かして、弱火で玉ねぎを炒め（炒めながら完全に溶かす）、ゆで汁を凍ったまま加える。
2. 煮立ったら塩で調味し、粉チーズと粗びき黒こしょうをふり、クルトンを散らす。

とうもろこし

冷蔵

保存方法

ラップで包む ＋ 立てる

保存期間 できるだけ早く

包んで立てる
生のものは皮つきのままラップでぴっちり包み、野菜室で立てて保存し、できるだけ早くゆでるか蒸す。加熱したものはラップでぴっちり包み、密閉容器に入れて冷蔵室で保存し、2〜3日で使いきる。

冷凍

保存期間 **2〜3週間**

ゆでるか蒸して冷凍 | 加熱

とうもろこしをゆでるか蒸して輪切りにし、冷ましてからばら冷凍（→p.64）する。または実を1粒ずつにほぐしてばら冷凍する。

解凍方法
 室温　 電子レンジ　 凍ったまま調理（ばら冷凍の場合）

活用メモ
ソテーしたり、ピザなどのトッピングに！

トマト

冷蔵

保存方法

ポリ袋に入れる

保存期間
4〜5日

ポリ袋に入れる
ポリ袋に入れ、ヘタを上にして野菜室で保存。

熟していないものは赤くなるまで常温保存

冷凍

丸ごと冷凍 | 生

保存期間
2〜3週間

1

包丁の刃先でトマトのヘタをくり抜く。

2

丸ごとラップでぴっちり包み、冷凍用保存袋に入れて保存。

解凍方法 流水 凍ったまま調理

活用メモ
そのまますりおろしたり、水をかけて皮をむき、煮込みに。(レシピ→p.10〜11)

カットして冷凍 | 生

保存期間
2〜3週間

トマトを湯むきし、刻む。冷凍用保存袋に薄く平らに入れ、冷凍する。袋に丸ごと入れて袋の上からつぶしてもよい。

解凍方法 流水 凍ったまま調理

活用メモ
さっと煮てトマトソースに！

冷凍作りおきRECIPE

トマトソース

保存期間
3〜4週間

材料
トマト…3個
オリーブ油…大さじ3
にんにく…1かけ：みじん切りにする
A（塩小さじ⅓、こしょう・オレガノ・ドライバジル各少々）

1 トマトは湯むきしてつぶす。
2 フライパンにオリーブ油とニンニクを入れて火にかけ、色づくまで炒める。1、Aを加えて10分ほど煮る。冷凍用保存袋に入れて冷凍する。

解凍方法 冷蔵庫 流水 凍ったまま調理

長いも、山いも

常温・冷蔵

保存方法：常温（新聞紙で包む）／冷蔵（ポリ袋に入れる）

保存期間 **1〜2週間**

ポリ袋に入れる

涼しい時期は新聞紙で包み、冷暗所で保存。暑い時期はポリ袋に入れて野菜室で保存。

冷凍

皮をむいて冷凍 ｜ 生

保存期間 **2〜3週間**

長いもの皮をむき、ラップでぴっちり包んで冷凍用保存袋に入れ、冷凍する。

解凍方法：室温／電子レンジ／凍ったまま調理

活用メモ
解凍して汁物の具やとろろに。凍ったまますりおろしてふわふわのとろろに（レシピ→p.13）！

カットして冷凍 ｜ 生

保存期間 **2〜3週間**

1. 長いもの皮をむき、せん切りや薄切りにして酢水につける。

2. 水気をふき取り、冷凍用保存袋に薄く平らに入れ、冷凍する。

解凍方法：室温／電子レンジ／凍ったまま調理

活用メモ
みそ汁の具や、オリーブ油で炒め物にしてもおいしい！ 凍らせるとぬめりが少なく、扱いやすくて便利。

活用RECIPE

長いもとベーコンのみそ汁

材料（2人分）
- 冷凍長いも（せん切り）…60g
- ベーコン…1枚
- サラダ油…小さじ1
- だし…1と½カップ
- みそ…大さじ1

1. ベーコンは細切りにする。
2. 小鍋にサラダ油を熱し、ベーコンを入れて炒める。全体に油が回ったら、長いもを凍ったまま加えてさらに炒め、だしを加える。
3. 煮立ったらみそを溶き入れる。

すりおろし冷凍 ｜ 生

保存期間 **2〜3週間**

長いもの皮をむいて酢水につけ、すりおろす。冷凍用保存袋に薄く平らに入れ、冷凍する。

解凍方法：室温／冷蔵庫／流水

活用メモ
ごはんにかけたり、ポン酢と合わせてお肉のソースに（レシピ→p.73）！

長ねぎ、万能ねぎ、わけぎ

> 寒い時期、泥つきのものは包装のまま冷暗所に立てて保存

冷蔵

（保存方法）

ポリ袋に入れる ＋ 立てる

保存期間 1週間

包んで立てる
長ねぎは使いやすい長さに切る。ポリ袋に入れて（または包装のまま）野菜室で立てて保存。

冷凍

カットして冷凍　生

（長ねぎ）

保存期間 3〜4週間

小口切り、斜め切り、みじん切りなど使いやすいように切り、小分けしてラップでぴっちり包んで冷凍用保存袋に入れ、冷凍する。

（解凍方法）

凍ったまま調理

（活用メモ）
料理の仕上げに加えて風味豊かに！

MEMO　青い部分も冷凍を
長ねぎは、青い部分も生のまま冷凍でき、スープをとるときに役立ちます。1回に使う分ずつ小分けしてラップでぴっちり包み、冷凍用保存袋に入れて冷凍します。

万能ねぎ、わけぎ

保存期間 3〜4週間

万能ねぎ、わけぎを小口切りにし、冷凍用保存袋に薄く平らに入れ、冷凍する。

（解凍方法）

凍ったまま調理

（活用メモ）
薬味にぱっと使えてとても便利！

活用RECIPE

なすの簡単揚げだし

材料（2人分）
冷凍なす（素揚げしたもの→p.93）…130g
冷凍万能ねぎ（小口切り）…適量
だし…¾カップ
A（しょうゆ、みりん、酒各大さじ½）
塩…少々

1. 鍋にだし、A、塩を入れて煮立て、なすを凍ったまま加えて温める。
2. 器に盛り、万能ねぎを凍ったまま散らす。

なす

2〜3日で食べきれる場合は常温で保存

冷蔵

保存方法

 ポリ袋に入れる
 ラップで包む

保存期間 1週間

ポリ袋に入れる

水気がついていたらよくふいてポリ袋に入れ（またはラップでぴっちりと包み）、低温に弱いので野菜室で保存。

冷凍

炒めて冷凍　加熱

保存期間 2〜3週間

半月切りや輪切りにして、水にさらして水気をきる。サラダ油でしんなりするまで炒め、冷めたら小分けにしてラップでぴっちり包む。冷凍用保存袋に入れて冷凍。

解凍方法

 室温　 冷蔵庫　 電子レンジ　 凍ったまま調理

活用メモ

スープの具やピザのトッピング（下記）に。

活用RECIPE

なすのピザ風

材料（1人分）
冷凍なす（切って炒めたもの）
　…30ｇ：電子レンジで解凍する
ピザ用ソース（市販）…小さじ1
とうもろこし（加熱してほぐした粒）…小さじ1
※冷凍でもOK。その場合凍ったまま使う。
ピザ用チーズ…ひとつまみ
※冷凍でもOK。その場合凍ったまま使う。

1　小さめの耐熱皿になすをのせ、ピザ用ソース、とうもろこし、ピザ用チーズを順にのせ、オーブントースターでチーズが溶けるまで焼く。

素揚げして冷凍　加熱

保存期間 2〜3週間

なすを輪切りや半月切りにして、水にさらして水気をふき、素揚げする。冷凍用保存袋に重ならないように入れ、冷凍する。

解凍方法

 室温　 冷蔵庫　 凍ったまま調理

活用メモ

調味しただしでさっと煮るだけで揚げだしに（レシピ→p.92）。

焼きなすにして冷凍　加熱

保存期間 2〜3週間

なすを焼き網で皮が真っ黒になるまで焼き、皮をむく。冷めたら1本ずつラップでぴっちりと包み、冷凍用保存袋に入れて冷凍。

解凍方法

 室温　 冷蔵庫

活用メモ

煮物やみそ汁の具に！ 手軽に焼きなすの香ばしい香りが楽しめます。

PART 3　素材別冷蔵・冷凍法　野菜

長ねぎ、万能ねぎ、わけぎ・なす

にら

冷蔵

保存方法　ポリ袋に入れる ＋ 立てる

保存期間 **2日**

ポリ袋に入れて立てる

水気をよくふき取ってポリ袋に入れ、野菜室で立てて保存。

冷凍

刻んで冷凍 | 生

保存期間 **1〜2週間**

にらを細かく刻むかざく切りにし、冷凍用保存袋に薄く平らに入れ、冷凍する。

解凍方法　凍ったまま調理

活用メモ
餃子などの肉だね作りにさっと使えて便利！

ゆでて冷凍 | 加熱

保存期間 **2〜3週間**

にらをさっとゆでて冷水にとり、水気を絞って使いやすい長さに切る。小分けにしてラップでぴっちりと包み、冷凍用保存袋に入れて冷凍。

解凍方法　室温　冷蔵庫

活用メモ
みじん切りは水気をよく絞って餃子に！

にんじん

冷蔵

保存方法　ポリ袋に入れる

保存期間 **4〜5日**

ポリ袋に入れる

ぬれていたら水気をよくふき、ポリ袋に入れて野菜室で保存。

冷凍

せん切りにして冷凍 | 生

保存期間 **2〜3週間**

にんじんをせん切りにし、冷凍用保存袋に薄く平らに入れ、冷凍する。

解凍方法　室温　電子レンジ　凍ったまま調理

活用メモ
煮物やサラダの彩りにさっと使えて便利！

> **MEMO**
> **かき揚げのタネやみそ汁の具にも便利**
> 薄切りの冷凍玉ねぎと一緒に温めたみそ汁へ。冷凍することで火が通りやすくなっているので、すぐにできあがります。

ゆでて冷凍 　加熱

保存期間 2〜3週間

1. にんじんを使いやすい大きさに切り、さっとゆでる。
2. 水気をふいて冷凍用保存袋に重ならないように入れ、冷凍する。

(解凍方法) 電子レンジ / 凍ったまま調理

(活用メモ) スープの具や炒めものに。火が通っているので、時短になります！

MEMO にんじんは細切りや薄切りに
大きく切ると解凍後の食感の変化が気になるので、細切りや薄めに切るのがおすすめです。

甘煮にして冷凍 　下味

保存期間 2〜3週間

にんじんを輪切りにして水、砂糖を合わせた鍋に入れて煮る。水気をきり、冷凍用保存袋に重ならないように入れ、冷凍する。

(解凍方法) 電子レンジ / 凍ったまま調理

(活用メモ) そのまま肉や魚のつけ合わせにしたり、バターを加えて軽く煮ればバター煮に！

にんにくの芽

冷蔵

(保存方法) ポリ袋に入れる ＋ 立てる

保存期間 2〜3日

ポリ袋に入れて立てる
ポリ袋に入れ、野菜室で立てて保存。

冷凍

ゆでて冷凍 　加熱

保存期間 2〜3週間

にんにくの芽をさっとゆでて水にとり、冷めたら食べやすい長さに切り、ばら冷凍（→p.64）する。

凍ったら冷凍用保存袋に平らに入れ、冷凍する。

(解凍方法) 凍ったまま調理

(活用メモ) 炒め物に。細かく刻んで冷凍すれば汁物やチャーハンにも！

白菜

丸ごとの場合は新聞紙で包んで野菜室で立てて保存

冷蔵

保存方法

 ポリ袋に入れる ラップで包む

保存期間 4〜5日

ポリ袋に入れる

カットしたものはポリ袋に入れるかラップでぴっちりと包み、野菜室で保存。

冷凍

カットして冷凍 | 生

保存期間 2〜3週間

白菜をざく切りにし、使いやすい量に小分けにしてラップでぴっちり包み、冷凍用保存袋に入れて冷凍。

解凍方法 室温 凍ったまま調理

活用メモ
スープや炒め物に！

塩もみして冷凍 | 下味

保存期間 2〜3週間

1

白菜を食べやすい大きさに切り、塩をふり、しんなりしたら軽くもむ。水洗いして水気を絞る。

2

使いやすい量に小分けにしてラップでぴっちり包み、冷凍用保存袋に入れて冷凍。

解凍方法 室温

活用メモ
和え物や浅漬けに！

ゆでて冷凍 | 加熱

保存期間 2〜3週間

1

かさが減って冷凍しやすい！

白菜の葉を1枚ずつはがし、塩ゆでする。

2

水気を絞り、ざく切りにする（または1枚のままでもよい）。

3

使いやすい量に小分けしてラップでぴっちり包み、冷凍用保存袋に入れて冷凍。

解凍方法 室温

活用メモ
1枚丸ごとの場合は肉ダネを詰めて煮物などに。ざく切りにしたものは炒め煮や煮物に。

MEMO 葉と軸に分けても

小分けにする際、葉と軸に分けておいても。用途に合わせて使えて便利です。

ピーマン、ししとう

冷蔵

保存方法

 ポリ袋に入れる

ポリ袋に入れる

ポリ袋に入れ、野菜室で保存。

保存期間 4〜5日

冷凍

ゆでて冷凍 [加熱]

保存期間 2〜3週間

1 ピーマン（またはししとう）をせん切りや乱切りにし、さっとゆでる。

2 冷めたら冷凍用保存袋に薄く平らに入れ、冷凍する。

解凍方法

 室温　 凍ったまま調理

活用メモ

煮物や炒めものの彩りに！

活用RECIPE

キャベツとピーマンの巣ごもり卵

材料（2人分）
冷凍キャベツ（炒めたもの→p.78）
　…140g：室温で半解凍する
冷凍ピーマン（せん切りにしてゆでたもの）
　…40g：室温で半解凍する
卵…2個
ハム…1枚：刻む
塩…少々

1. 人数分のココットを用意し、キャベツとピーマンを入れ、中央を少しくぼませ、卵を割り落とす。卵黄に楊枝で穴をあける。ハムを散らして塩をふる。
2. 1にふんわりとラップをかける。電子レンジで1個につき1分30秒加熱してそのまま蒸らす。

炒めて冷凍 [加熱]

保存期間 2〜3週間

1 ししとうはそのまま、または調理法に合わせて切り（ピーマンは使いやすいように切り）、サラダ油でさっと炒める。

2 冷凍用保存袋に重ならないように入れ、冷凍する。

解凍方法

 室温　 冷蔵庫　 凍ったまま調理

活用メモ

肉と炒めたり、魚のちゃんちゃん焼きなどに！

MEMO

調味料は使わずに

炒めてから冷凍する場合、水分が出ないように調味料を使わないのがポイントです。

PART 3 素材別冷蔵・冷凍法　野菜

白菜・ピーマン、ししとう

ふき

冷蔵

保存方法

保存期間 2〜3日

ポリ袋に入れて立てる
使いやすい長さに切り分け、ポリ袋に入れて野菜室で立てて保存。

冷凍

ゆでて冷凍　加熱

保存期間 2〜3週間

鍋に入る長さに切って板ずりし、たっぷりの湯でゆでて冷水にとり、アクを抜く。切り口から皮をむき、冷凍用保存袋に重ならないように入れ、冷凍する。

解凍方法

活用メモ
だしのきいた煮物や、濃いめの味つけで佃煮風に煮つけても美味しい！

ブロッコリー、カリフラワー

冷蔵

保存方法

保存期間 3〜4日

ポリ袋に入れて立てる
ポリ袋に入れ、野菜室で立てて保存。どちららも色が変わらないうちに食べきる。

冷凍

ゆでて冷凍　加熱

保存期間 2〜3週間

ブロッコリー、カリフラワーとも、小房に分けてかために塩ゆでし、ザルにあげる。冷めたら水気をふき取り、冷凍用保存袋に重ならないように入れ、冷凍する。

解凍方法

活用メモ
サラダやシチューの彩り、ホットサンドの具に！

活用RECIPE

ブロッコリーとツナのサラダ

材料（2人分）
冷凍ブロッコリー（小房に分けてゆでたもの）
　…4〜5房：冷蔵庫解凍する
ツナ…30g
フレンチドレッシング（市販）…大さじ1

1　ブロッコリーは大きければさらに小房に分け、ツナは缶汁をきり、フレンチドレッシングで和える。

(豆) えだまめ

冷蔵

保存方法

ポリ袋に入れる

保存期間 **2日**

ポリ袋に入れる
その日のうちにゆでる。できないときはポリ袋に入れて野菜室で保存し、翌日には調理する。

冷凍

ゆでて冷凍　加熱
保存期間 **2〜3週間**

枝豆をさやごと塩でもみ、ゆでる。

さやごと冷凍

ゆでた枝豆を冷まし、水気を取り、冷凍用保存袋に重ならないように入れ、冷凍する。

解凍方法

室温　電子レンジ

活用メモ
そのままおつまみにも、料理の彩りにも！

ペーストにして冷凍

ゆでた枝豆をフードプロセッサーにかけてペースト状にする。

冷凍用保存袋に薄く平らに入れ、冷凍する。

解凍方法

室温　電子レンジ

活用メモ
牛乳やだしでのばしてポタージュにしたり、ずんだもちの衣に！

PART 3　素材別冷蔵・冷凍法　野菜

ふき・ブロッコリー、カリフラワー・(豆)えだまめ

(豆) そらまめ、グリーンピース

冷蔵

保存方法

ポリ袋に入れる

保存期間 2〜3日

ポリ袋に入れる
さやつきのまま（むいた豆はパックから出して）ポリ袋に入れて野菜室で保存。

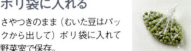

冷凍

ゆでて冷凍　加熱　保存期間 2〜3週間

そらまめ

1

そらまめをさやから出して塩ゆでし、冷ましてから水気を取り、ばら冷凍（→p.64）する。

2

凍ったら冷凍用保存袋に重ならないように入れ、冷凍する。

解凍方法

室温　電子レンジ　凍ったまま調理

活用メモ
煮物や炒め物に！

グリーンピース

1

グリーンピースをさやから出して塩ゆでし、冷ましてから水気を取り、バラ冷凍する。

2 凍ったら冷凍用保存袋に重ならないように入れ、冷凍する。

解凍方法

室温　電子レンジ　凍ったまま調理

活用メモ
炊き込みご飯やスープ、煮物の彩りに！

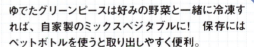

> **MEMO**
> **ミックスベジタブルにしても**
> ゆでたグリーンピースは好みの野菜と一緒に冷凍すれば、自家製のミックスベジタブルに！ 保存にはペットボトルを使うと取り出しやすく便利。

(豆) さやいんげん、さやえんどう、スナップえんどう

冷蔵

保存方法

ポリ袋に入れる

保存期間 **2日**

ポリ袋に入れる
ポリ袋に入れて野菜室で保存。しなびやすいので2日くらいで食べきる。

冷凍

ゆでて冷凍　加熱

保存期間 **2〜3週間**

さやいんげん

1

さやいんげんはスジを取ってかために塩ゆでし、冷水にとって冷ます。

2

冷凍用保存袋に重ならないように入れ、冷凍する。使いやすい長さに切ってから冷凍しても。

解凍方法

冷蔵庫　電子レンジ　凍ったまま調理

活用メモ
パスタや炒めものの具にしたり、ベーコンや豚肉で巻いて焼いてもおいしい！

さやえんどう、スナップえんどう

1

スジを取ってかために塩ゆでし、冷水にとって冷ます。

2

冷凍用保存袋に重ならないように入れ、冷凍する。

解凍方法

冷蔵庫　電子レンジ　凍ったまま調理

活用メモ
凍ったままみそ汁や卵とじに使えて便利！

水菜

冷蔵

保存方法 ポリ袋に入れる＋立てる

保存期間 **3〜4日**

ポリ袋に入れて立てる
ポリ袋に入れ、野菜室で立てて保存。

冷凍

ゆでて冷凍　加熱
保存期間 **2〜3週間**

さっとゆでて冷水にとり、水気をよく絞って食べやすい長さに切る。使いやすい量に小分けにしてラップでぴっちり包み、冷凍用保存袋に入れて冷凍。

解凍方法 流水　 凍ったまま調理

活用メモ
煮物や炒め物、鍋物などの仕上げに入れて！

> **MEMO　冷凍した水菜は加熱調理を**
> 食感が変わるので、生で食べるサラダやおひたし、和え物には向きません。加熱調理がおすすめです。

もやし

> その日に食べきる場合は袋のまま野菜室へ

冷蔵

保存方法 水につける

保存期間 **2〜3日**

水につけて保存
2日以上保存する場合は水をはった容器に入れて冷蔵室で保存。

冷凍

そのまま冷凍　生
保存期間 **1〜2週間**

冷凍用保存袋に薄く平らに入れ、冷凍する。

解凍方法 凍ったまま調理

活用メモ
和え物や汁物に！（レシピ→p.85）

炒めて冷凍　加熱
保存期間 **2〜3週間**

サラダ油でさっと炒める。冷めたら冷凍用保存袋に薄く平らに入れ、冷凍する。

解凍方法 凍ったまま調理

活用メモ
あんかけの具などに！

モロヘイヤ

冷蔵

(保存方法)
 ＋
ポリ袋に入れる ／ 立てる

保存期間 **3～4日**

ポリ袋に入れて立てる
ポリ袋に入れて野菜室で立てて保存。

冷凍

ゆでて冷凍 〈加熱〉
保存期間 **2～3週間**

葉を摘み取り、さっとゆでて冷水にとり、水気をよく絞って食べやすい長さに切る。使いやすい量に小分けして冷凍用保存袋に入れて冷凍。

(解凍方法)

冷蔵庫　凍ったまま調理

(活用メモ)
凍ったまま、炒めた玉ねぎ、ゆでたじゃがいもと一緒にミキサーにかけると冷製スープに。

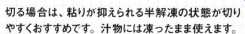

MEMO：用途に合わせて解凍を
切る場合は、粘りが抑えられる半解凍の状態が切りやすくおすすめです。汁物には凍ったまま使えます。

れんこん

丸ごとの場合はぬらした新聞紙で包み冷暗所で保存

冷蔵

(保存方法)

ポリ袋に入れる

保存期間 **1週間**

ポリ袋に入れる
ポリ袋に入れ、野菜室で保存。

冷凍

カットして冷凍 〈生〉
保存期間 **2～3週間**

p20.冷凍根菜ミックス参照。

ゆでて冷凍 〈加熱〉
保存期間 **2～3週間**

1

れんこんの皮をむいて輪切りにし、酢水につけてアクを抜いてからゆでる。

2

冷めたら水気をふき、冷凍用保存袋に重ならないように入れ、冷凍する。

(解凍方法)

電子レンジ　凍ったまま調理

(活用メモ)
食べやすい大きさに切って炒め物や煮物、汁物に！

PART 3　素材別冷蔵・冷凍法　**野菜**

水菜・もやし・モロヘイヤ・れんこん

（薬味）青じそ

冷蔵

保存方法: ペーパーで包む ＋ ポリ袋に入れる

保存期間 **4〜5日**

ぬらしたキッチンペーパーではさむ

乾燥に弱いので、ぬらしたキッチンペーパーではさみ、密閉できる冷蔵用保存袋に入れて野菜室で保存する。

冷凍

ラップではさんで冷凍 ｜ 生

保存期間 **1〜2週間**

青じそを1枚ずつラップではさみ、冷凍用保存袋に入れて冷凍。ラップは折り返して青じそを重ねると少ない量で済む。

解凍方法: 冷蔵庫 / 凍ったまま調理

（薬味）木の芽

冷蔵

保存方法: ペーパーで包む ＋ ラップで包む ＋ 密閉容器に入れる

保存期間 **2〜3日**

ぬらしたペーパーにはさむ

ぬらしたキッチンペーパーではさんでからラップでぴっちり包み、保存容器に入れて冷蔵室で保存する。

冷凍

ペーパーではさんで冷凍 ｜ 生

保存期間 **1〜2週間**

木の芽をぬらしたキッチンペーパーではさんでラップでぴっちり包み、冷凍用保存袋に入れて冷凍する。

解凍方法: 凍ったまま調理

（薬味）しょうが

冷蔵

保存方法

ラップで包む

保存期間 **1週間**

ラップで包む
表面がぬれていたら乾かし、ラップでぴっちり包み、野菜室で保存する。

冷凍

おろしてまたは刻んで冷凍 ｜ 生

保存期間 **3〜4週間**

しょうがをすりおろして、または薄切り、みじん切り、せん切りなど使いやすいように刻み、小分けしてラップでぴっちり包み、冷凍用保存袋に入れ、冷凍する。

解凍方法 凍ったまま調理

（薬味）にんにく

常温・冷蔵

保存方法

網袋に入れる

保存期間 **2週間**

網袋に入れる
網袋に入れ、日陰の乾燥したところにつるす。暑い時期は野菜室で保存。

冷凍

一かけずつ冷凍 ｜ 生

保存期間 **3〜4週間**

にんにくを1かけずつラップでぴっちり包み、冷凍用保存袋に入れて冷凍する。

解凍方法 凍ったまま調理

カットして冷凍 ｜ 生

保存期間 **3〜4週間**

にんにくを薄切りやみじん切りにし、小分けしてラップでぴっちり包み、冷凍用保存袋に入れて冷凍する。

解凍方法 室温 凍ったまま調理

PART 3 素材別冷蔵・冷凍法 薬味系

青じそ・木の芽・しょうが・にんにく

（薬味）パセリ、ハーブ

冷蔵

保存方法 ポリ袋に入れる　 密閉容器に入れる

保存期間 2〜3日

ポリ袋に入れる
ポリ袋に入れ、野菜室で保存する。バジルなど葉がやわらかく弱いものはキッチンペーパーを敷いた密閉容器で保存するほうが傷みにくい。

冷凍

葉を摘み取って冷凍 ｜ 生

保存期間 1〜2週間

葉を摘み取り、水気をふき取り、冷凍用保存袋に薄く平らに入れ、冷凍する。バジル、イタリアンパセリなど、葉のやわらかいハーブは冷凍に向かない。

解凍方法 凍ったまま調理

（薬味）みつば

冷蔵

保存期間 2〜3日　 新聞紙で包む ＋ ポリ袋に入れる ＋ 立てる

新聞紙で包む
乾いた新聞紙で包んでポリ袋に入れ、野菜室で立てて保存。

冷凍

軸を刻んで冷凍 ｜ 生

保存期間 1〜2週間

葉の冷凍はおすすめしません。軸だけを刻み、冷凍用保存袋に入れて冷凍。

解凍方法 凍ったまま調理

（薬味）みょうが

冷蔵

（保存方法）

保存期間 **3〜4日**

ポリ袋に入れる
ぬらしたキッチンペーパーで包んでポリ袋に入れ、野菜室で保存する。

冷凍

| 刻んで冷凍 | 生 |

保存期間 **2〜3週間**

1. 小口切りや細切りなど使いやすいように切る。

2. 冷凍用保存袋に薄く平らに入れ、冷凍する。

解凍方法
凍ったまま調理

（薬味）わさび

冷蔵

（保存方法）

保存期間 **1週間**

ペーパーで包む
キッチンペーパーで包んでからラップでぴっちり包み、冷蔵室で保存する。

冷凍

保存期間 **3〜4週間**

| 丸ごと冷凍 | 生 |

わさびを丸ごとラップでぴっちり包み、冷凍用保存袋に入れて冷凍する。

解凍方法
凍ったまま調理

> **MEMO**
>
> **かたまりになったらほぐして使用**
>
> カットした薬味は冷凍している間に保存袋の中でかたまりになってしまうことがあります。かたまっても問題はありませんが、かたまりが大きくならないように手でほぐすとよいでしょう。かたまってしまい、一部だけ使いたい場合は、使いたい部分だけ流水解凍して取り出します。残りは手早く冷凍室に戻しておきましょう。

PART 3 素材別冷蔵・冷凍法　薬味系

パセリ、ハーブ・みつば・みょうが・わさび

生 で？　加熱 で？　下味調理 で？

生 がおすすめ　保存期間 3〜4週間

しょうが	にんにく
生 すりおろす、カット	生 そのまま、カット

わさび	
生 そのまま	

保存期間 2〜3週間

長いも、山いも	みょうが
生 皮をむく、カット、すりおろす	生 カット

保存期間 1〜2週間

青じそ	
生 そのまま	

木の芽	パセリ
生 そのまま	生 そのまま

みつば	
 生 カット	

生 でも 加熱 でもOK　保存期間 3〜4週間

きのこ	長ねぎ、万能ねぎ、わけぎ
生 カット／調理 煮る	生 カット／調理 焼く

保存期間 2〜3週間

キャベツ	ゴーヤ	ごぼう
生 カット／加熱 ゆでる、炒める	生 カット／加熱 ゆでる、炒める	 生 カット／加熱 ゆでる
さといも	じゃがいも	セロリ
生 カット／加熱 ゆでる	生 カット／加熱 ゆでてマッシュ	生 カット／加熱 炒める
だいこん	玉ねぎ	トマト
生 カット（下味 塩もみ冷凍もOK！）	生 カット／加熱 炒める	生 そのままカット／加熱 調理 煮る
にら	にんじん	白菜
生 カット／加熱 ゆでる（生冷凍の保存期間は1〜2週間）	 生 カット／加熱 ゆでる／調理 煮る	生 カット／加熱 ゆでる（下味 塩もみ冷凍もOK！）
もやし		れんこん
 生 そのまま／加熱 炒める（生冷凍の保存期間は1〜2週間）		 生 カット／加熱 ゆでる

野菜のおすすめ冷凍方法 (五十音順)

加熱のみOK 　保存期間 2〜3週間

- 青菜類（ほうれん草、小松菜、春菊など）／加熱：ゆでる／調理：煮る
- アスパラガス／加熱：ゆでる
- うど／加熱：ゆでる
- オクラ／加熱：ゆでる
- かぶ／加熱：ゆでる（下味：塩もみすれば非加熱でも冷凍OK！）
- かぼちゃ／加熱：蒸す
- さつまいも／加熱：ゆでる
- たけのこ（水煮）／加熱：調理：煮る
- とうもろこし／加熱：ゆでる、蒸す
- なす／加熱：炒める、揚げる、焼く
- にんにくの芽／加熱：ゆでる
- ピーマン、ししとう／加熱：ゆでる、炒める
- ふき／加熱：ゆでる
- ブロッコリー、カリフラワー／加熱：ゆでる
- 豆（えだまめ、そらまめ、グリーンピース、さやいんげん、さやえんどう、スナップえんどう）／加熱：ゆでる
- 水菜／加熱：ゆでる
- モロヘイヤ／加熱：ゆでる

冷凍NG

- かいわれだいこん
- きゅうり（下味：塩もみすれば冷凍OK！）
- クレソン
- せり
- ハーブ（バジルなど）

タイム、ローズマリーなど葉がかためのハーブは冷凍OKです。

PART 3 素材別冷凍法 野菜類／野菜のおすすめ冷凍方法

アボカド

常温・冷蔵

保存方法

保存期間 熟したら早めに

冷蔵
ポリ袋に入れる

未熟な場合は室温で追熟

緑色のものは室温で追熟させ、皮が黒っぽくなり、さわって果肉のやわらかさを感じられれば食べごろ。暑い時期は熟していないものも冷蔵する。ポリ袋に入れて野菜室へ。使いかけのものは切り口にレモン汁をふり、ラップでぴっちり包んで野菜室で保存。

冷凍

スライスして冷凍 | 生

保存期間 2〜3週間

アボカドの種を取って皮をむき、5mmほどの厚さに切ってレモン汁をふり、ばら冷凍（→p.64）する。

解凍方法
室温　冷蔵庫

活用メモ
サラダなどに。

ピューレ状にして冷凍 | 半調理

保存期間 2〜3週間

つぶしてレモン汁を混ぜるか、レモン汁と一緒にフードプロセッサーにかけてピューレ状にし、冷凍用保存袋に薄く平らに入れ、冷凍する。

解凍方法
室温　冷蔵庫

活用メモ
塩などで調味して、ディップソースなどに！

いちご

常温・冷蔵

保存方法

保存期間 1〜3日

冷蔵

密閉容器に入れる

冷暗所または野菜室で保存

1〜2日で食べきる場合は冷暗所で保存。2〜3日で食べきる場合は密閉容器に移すか、パックのままラップをかけて野菜室で保存。

冷凍

砂糖をまぶして冷凍 | 生

保存期間 2〜3週間

いちごを洗って水気をしっかりふき取り、そのまま、または刻んでから砂糖をまぶしてばら冷凍（→p.64）する。

解凍方法
凍ったまま食べる

活用メモ
砂糖をまぶして冷凍したイチゴは、ヨーグルトやアイスに加えても美味しくいただけます。また、牛乳と一緒にミキサーにかけてもよいでしょう。

加熱して冷凍 | 加熱

保存期間 3〜4週間

耐熱容器に入れ、つぶして砂糖を加え、ラップをかけて電子レンジで加熱する。冷ましてから冷凍用保存袋に薄く平らに入れ、冷凍する。

解凍方法
冷蔵庫

活用メモ
好みの甘さに煮てジャムなどに。

かんきつ類

常温・冷蔵

(保存方法)

保存期間 2週間

冷蔵
密閉容器に入れる

冷暗所または野菜室で保存

そのまま冷暗所で保存、または密閉容器に入れるかラップで包み野菜室で保存。使いかけは切り口をラップでぴっちり包んで保存容器に入れ、早めに食べきる。

冷凍

(みかん)

丸ごと冷凍　生

保存期間 2〜3週間

丸ごとトレーにのせてばら冷凍(→p.64)する。

(解凍方法)
室温　凍ったまま食べる

(グレープフルーツ、オレンジ等)

1房ずつ冷凍　生

保存期間 2〜3週間

グレープフルーツ、オレンジ、はっさく、夏みかんなどは、1房ずつ薄皮をむいてばら冷凍(→p.64)する。いちごのように砂糖をまぶして冷凍してもよい。

(解凍方法)
室温　凍ったまま食べる

(活用メモ)
凍ったままミキサーやフードプロセッサーにかけて、シャーベットやフローズンドリンクにするのもおすすめです。

(レモン)

果汁を冷凍　生

保存期間 2〜3週間

レモンは果汁を搾って製氷皿に入れ、冷凍する。凍ったら冷凍用保存袋や保存容器に入れて保存する。

(解凍方法)
室温　凍ったまま調理

(活用メモ)
ドレッシングなどに！

(ゆず)

皮を冷凍　生

保存期間 2か月

ゆずの皮を薄くそぎ、ラップでぴっちり包んで冷凍用保存袋や保存容器に入れ、冷凍する。

(解凍方法)
凍ったまま調理

(活用メモ)
さまざまな料理の仕上げに！

> **MEMO**
> **秋冬以外にも香りを楽しんで**
> 秋から冬にかけて多く出回る黄ゆずですが、皮は冷凍すればより長く風味が保たれます。汁ものの仕上げや和え物に使いましょう。

キウイ

常温・冷蔵

(保存方法)

保存期間 2週間

冷蔵
ポリ袋に入れる

未熟な場合は室温で追熟

未熟な(かたい)ものは室温で追熟する。りんごと一緒にポリ袋に入れておくと早く熟す。熟したキウイはポリ袋に入れ、野菜室で保存する。

冷凍

カットして冷凍　生

保存期間 2〜3週間

キウイの皮をむいて輪切りや半月切りにし、ばら冷凍(→p.64)する。

(解凍方法)
室温　凍ったまま食べる

パイナップル

常温・冷蔵

保存方法

保存期間 2~3日

新聞紙で包む

冷暗所または野菜室で保存

冷暗所で保存する場合はなるべく早く食べきる。冷凍する場合は新聞紙で包み、葉を下にして野菜室で保存する。食べかけはラップで包んで野菜室に入れ、食べきれない分は冷凍保存がおすすめ。

冷凍

砂糖をまぶして冷凍 | 生

保存期間 2~3週間

パイナップルを食べやすい大きさに切り、砂糖をまぶしてばら冷凍(→p.64)する。

解凍方法

室温 / 凍ったまま食べる

ピューレにして冷凍 | 半調理

保存期間 2~3週間

刻んだパイナップルをフードプロセッサーにかけてピューレ状にし、冷凍用保存袋に薄く平らに入れて冷凍する。

解凍方法

室温 / 凍ったまま食べる

活用メモ
凍ったままフードプロセッサーやミキサーにかけて、シャーベットやフローズンドリンクに!

バナナ

常温

保存方法

保存期間 2~3日

新聞紙で包む

冷蔵庫保存はNG

常温で保存。冷蔵室に入れると低温障害を起こし、皮が真っ黒になる。保存期間をのばしたいときは冷凍がおすすめ。

冷凍

1本ずつ冷凍 | 生

保存期間 2~3週間

バナナの皮をむいてレモン汁をかけ、1本ずつラップでぴっちり包んで冷凍用保存袋に入れ、冷凍する。食べやすい長さに切ったり輪切りにしてからばら冷凍(→p.64)してもよい。

解凍方法

室温 / 凍ったまま食べる

ペースト状にして冷凍 | 半調理

保存期間 2~3週間

バナナをつぶしてレモン汁を加えてペースト状にし、冷凍用保存容器に入れる。ラップを表面にはりつけるようにしてから容器を密閉して冷凍する。

解凍方法

室温

活用メモ
ペーストにしたバナナは、室温解凍で半解凍して、アイスクリームやヨーグルトに混ぜたり、フローズンドリンクにしたりするとおいしくいただけます。

ぶどう

常温・冷蔵

保存方法

保存期間 2~3日

ポリ袋に入れる

冷暗所または野菜室で保存

冷暗所で保存する場合はなるべく早く食べきる。冷蔵する場合はポリ袋に入れて(または新聞紙で包んで)野菜室で保存。洗うのは食べる直前に。

冷凍

枝から外して冷凍　生

保存期間 **2~3週間**

ぶどうを枝から取り外し、皮つきのまま洗って水気をふき取り、ばら冷凍（→p.64）する。

解凍方法

室温　冷蔵庫　凍ったまま食べる

ピューレにして冷凍　生

保存期間 **2~3週間**

ぶどうを洗って皮と種を取り除き、ミキサーにかけてピューレ状にし、製氷皿に入れて冷凍する。凍ったら冷凍用保存袋や保存容器に入れて保存する。

解凍方法

室温　冷蔵庫

活用メモ
凍ったままフードプロセッサーやミキサーにかけて、シャーベットやフローズンドリンクに！

ブルーベリー、ラズベリー

常温・冷蔵

保存方法

ポリ袋に入れる

保存期間 **2~3日**

冷暗所または野菜室で保存

冷暗所で保存する場合はなるべく早く食べきる。冷蔵する場合はポリ袋に入れて（または新聞紙で包んで）野菜室で保存。洗うのは食べる直前に。

冷凍

ばら冷凍　生

保存期間 **2~3週間**

ブルーベリーやラズベリーを洗って水気をふき取り、ばら冷凍（→p.64）する。

解凍方法

室温　冷蔵庫　凍ったまま食べる

ソースにして冷凍　調理

保存期間 **3~4週間**

ブルーベリーやラズベリーを砂糖と一緒に耐熱容器に入れ、ラップをかけて電子レンジで加熱してソースにする。冷ましてから冷凍用保存袋に薄く平らに入れ、冷凍する。

解凍方法

室温　冷蔵庫

活用メモ
ヨーグルトにかけたり、好みで煮詰めてジャムに！

りんご

常温・冷蔵

保存方法
  +
常温 新聞紙で包む　冷蔵 新聞紙で包む　ポリ袋に入れる

保存期間 **1~2か月**

冷暗所または野菜室で保存

冷暗所で保存する場合1個ずつ新聞紙で包むか、たくさんあれば新聞紙を敷いた段ボール箱に入れて新聞紙をかける。日持ちは1か月ほど。冷蔵する場合は新聞紙で包んでポリ袋に入れ、野菜室へ。日持ちは2か月ほど。

冷凍

すりおろして冷凍　半調理

保存期間 **2~3週間**

りんごをすりおろしてレモン汁を混ぜ、冷凍用保存袋に薄く平らに入れ、冷凍する。

解凍方法

冷蔵庫　凍ったまま調理

活用メモ
カレーやビーフシチューなどの煮込み料理の隠し味に！

甘く煮て冷凍　調理

保存期間 **3~4週間**

食べやすい大きさに切ったりんごを、砂糖、白ワイン、レモン汁と一緒に鍋に入れて透き通るまで火を通し、冷まして煮汁と一緒に保存容器に入れ、冷凍する。

解凍方法

冷蔵庫　凍ったまま食べる

PART 3 ・素材別冷蔵・冷凍法 果物

パイナップル・バナナ・ぶどう・ブルーベリー・ラズベリー・りんご

ひき肉 (牛、豚、鶏、合いびき)

冷蔵

保存方法

 ラップで包む ＋ 保存袋に入れる

保存期間 2日

ラップで包む
パックのままか、パックから出してラップでぴっちり包み、保存袋か密閉容器に入れる。冷蔵室、または特別低温室で保存。

冷凍

薄く平らにして冷凍 【生】
保存期間 2〜3週間

スジ目をつけると折れてらくちん

冷凍用保存袋に薄く平らに入れ、菜箸などで使いやすい分量のところにスジ目をつけ、冷凍する。

解凍方法 冷蔵庫　流水

活用メモ
ハンバーグ、ミートソースなどさまざまなひき肉料理に！

そぼろにして冷凍 【加熱】
保存期間 3〜4週間

ひき肉をサラダ油で炒めて塩、こしょうで味つけし、冷めたら上記生の場合と同様に冷凍する。

解凍方法 冷蔵庫 流水 電子レンジ

活用メモ
コロッケのタネに混ぜたり、あんかけに加えてボリュームアップ！

肉団子にして冷凍 【加熱】
保存期間 3〜4週間

1

ひき肉にみじん切りにした長ねぎやみそなどを加えて練り、団子状に形作りながら熱湯でゆでて中まで火を通す。

2

冷凍用保存袋に重ならないように入れ、冷凍する。

解凍方法 冷蔵庫 凍ったまま調理

活用メモ
鍋物や汁物にそのまま入れられて便利！

薄切り肉 （牛、豚）

冷蔵

(保存方法)

保存期間 **2〜4日**

ラップで包む

パックのままか、パックから出してラップでぴっちり包み、2日以内に使う場合は冷蔵室。3〜4日以内に使う場合は特別低温室で保存。

PART 3 素材別冷蔵・冷凍法 肉

ひき肉・薄切り肉

冷凍

小分けして冷凍 | 生

保存期間 **2〜3週間**

1

使いやすい分量をラップに広げてのせ、ぴっちり包む。

2

冷凍用保存袋に入れて冷凍する。

(解凍方法)
冷蔵庫　流水

(活用メモ)
しょうが焼き、牛丼などに！

塩、こしょうして冷凍 | 下味

保存期間 **2〜3週間**

1

薄切り肉を1枚ずつ広げ、塩、こしょうで下味をつける。酒としょうゆでもよい。

2

使いやすい分量ずつラップに広げてのせ、ぴっちりと包み、冷凍用保存袋に入れて冷凍（酒としょうゆで下味をつけたものは直接冷凍用保存袋に小分けにする）。

(解凍方法)
冷蔵庫　流水

(活用メモ)
豚肉のしょうが焼き、肉野菜炒め、トマトと牛肉の炒め物などに！

こま切れ肉 （牛、豚）

冷蔵

保存方法

ラップで包む

保存期間 2～4日

ラップで包む
パックのままか、パックから出してラップでぴっちり包み、2日以内に使う場合は冷蔵室。3～4日以内に使う場合は特別低温室で保存。

冷凍

小分けして冷凍　生

保存期間 2～3週間

解凍方法
冷蔵庫　流水

活用メモ
ゆで肉にしてサラダにしたり、肉野菜炒めに！

1

使いやすい分量の肉をラップにのせ、ぴっちりと包む。

2

冷凍用保存袋に入れて冷凍する。

活用RECIPE

ごぼう入り豚丼

材料（2人分）

冷凍豚こま切れ肉…150g：冷蔵庫で半解凍する
A（しょうゆ大さじ1と½、みりん大さじ1、砂糖大さじ½、酒大さじ2、だし1カップ）
ごぼう…½本：ささがきにする
※ささがきにして冷凍したものでもよい。その場合凍ったまま使う。
玉ねぎ…¼個：薄切りにする
※薄切りにして冷凍したものでもよい。その場合凍ったまま使う。
温かいごはん…2膳分

1 小鍋にAを入れて火にかけ、煮立ったら豚肉を加える。肉の色が変わったらごぼうと玉ねぎを加えてアクを取りながら煮る。
2 丼にごはんを盛り、1をのせ、七味唐辛子（分量外）をふる。

調味料につけて冷凍 | 下味

保存期間 3〜4週間

1

冷凍用保存袋にしょうが焼き用の調味料（しょうゆ大さじ1、酒大さじ1、みりん大さじ1、しょうがのすりおろし小さじ1）などを入れ、こま切れ肉150gを加える。

2

> 調味料につけておく間に肉がやわらかくなる！

袋の上から手でもみ込む。

3

薄く平らにして冷凍する。

解凍方法 　冷蔵庫　流水

活用メモ
しょうが焼きや焼きそばの具、衣をつけてから揚げに。

肉だねにして冷凍（牛肉） | 半調理

保存期間 2〜3週間

1

牛こま切れ肉を包丁でたたく。

2

塩、こしょう、ナツメグで下味をつけ、ハンバーグ形に成形する。

3

1個ずつラップでぴっちり包み、冷凍用保存袋に入れて冷凍する。

解凍方法 　凍ったまま調理

活用メモ
焼くだけですぐに美味しいハンバーグのできあがり！

PART 3　素材別冷蔵・冷凍法　肉　こま切れ肉

片栗粉をつけて冷凍 | 下味

保存期間 2〜3週間

1

肉に塩、こしょうなどで下味をつけ、片栗粉をまぶす。

2

使いやすい分量をラップにのせてぴっちり包み、冷凍用保存袋に入れて冷凍する。

【解凍方法】　冷蔵庫　流水

【活用メモ】
炒め物に使うと、しっとりぷるぷるに仕上がります！

炒めて冷凍 | 加熱

保存期間 3〜4週間

肉をサラダ油で炒めて塩、こしょうで味つけする。冷めたら冷凍用保存袋に平らに入れて冷凍する。

【解凍方法】　冷蔵庫　電子レンジ

【活用メモ】
炒め物、カレー、シチューなどに！ 火が通っているので、急ぐときに便利です。

ゆでて冷凍 | 加熱

保存期間 3〜4週間

1

長ねぎの青い部分を入れた熱湯に肉を入れ、アクを取りながらゆでる。

2

水気をしっかりふき取る。

3

小分けしてラップにのせ、ぴっちり包み、冷凍用保存袋に入れて冷凍する。

【解凍方法】　冷蔵庫　電子レンジ　凍ったまま調理

【活用メモ】
炒めものや、衣をつけて天ぷらに！

かたまり肉（牛、豚）

冷蔵

保存方法

ラップで包む

保存期間 2〜4日

ラップで包む
パックから出してラップでぴっちり包み、2日以内に使う場合は冷蔵室。3〜4日以内に使う場合は特別低温室で保存。

冷凍

小分けして冷凍 ｜ 生

保存期間 2〜3週間

1

切っておくと解凍がスムーズ

肉を使いやすい大きさに切り分ける。

2

1切れずつラップでぴっちり包み、冷凍用保存袋に入れて冷凍する。

解凍方法 冷蔵庫　流水

活用メモ
ポークソテーや、調味料でマリネして焼くとジューシーに！

ゆでて冷凍 ｜ 加熱

保存期間 3〜4週間

1

長ねぎの青い部分と、皮ごと薄切りにしたしょうがを入れた熱湯に肉を入れ、アクを取りながら20〜30分ゆでる。

2

ゆで汁にひたしたまま冷まし、水気をふき取って使いやすい大きさにカットし、小分けしてラップでぴっちり包み、冷凍用保存袋に入れて冷凍。

解凍方法   冷蔵庫　凍ったまま調理

活用メモ
薄切りにしてソテー、大きめに切って角煮、シチューなどに。小さく角切りにしてチャーハンに入れても美味しい。

厚切り肉・ステーキ肉 (牛、豚)

冷蔵

保存方法

保存期間 2〜4日

ラップで包む

ラップで包む
パックから出してラップでぴっちり包み、2日以内に使う場合は冷蔵室。3〜4日以内に使う場合は特別低温室で保存。

冷凍

スジを切って冷凍 | 生

保存期間 2〜3週間

1

肉は脂身と赤身の間のスジを切る。

2

1枚ずつラップでぴっちり包み、冷凍用保存袋に入れて冷凍する。

解凍方法 冷蔵庫 流水

活用メモ
ステーキに。解凍したら焼く少し前に冷蔵室から出して室温に戻しておくと美味しく焼けます。

塩、こしょうして冷凍 | 下味

保存期間 2〜3週間

下味をつけると味が落ちにくくなる!

スジ切りをした厚切り肉に塩、こしょうをふり、1枚ずつラップでぴっちり包み、冷凍用保存袋に入れて冷凍する。

解凍方法 冷蔵庫 流水

活用メモ
ステーキやポークピカタ、バター焼きなどに。下味をつけてあると、風味が落ちにくく味つけの手間も省けます。

衣をつけて冷凍 | 半調理

保存期間 2〜3週間

スジ切りをした厚切り肉に塩、こしょうし、小麦粉、卵、パン粉をつけて1枚ずつラップでぴっちり包み、冷凍用保存袋に入れて冷凍する。

解凍方法 冷蔵庫 凍ったまま調理

活用メモ
とんかつ、かつ丼など。解凍したものに粉チーズをまぶして揚げても美味しい!

角切り肉 (牛、豚)

冷蔵

保存方法

保存期間 2〜4日

ラップで包む

ラップで包む
パックから出してラップでぴっちり包み、2日以内に使う場合は冷蔵室。3〜4日以内に使う場合は特別低温室で保存。

冷凍

そのまま冷凍 | 生

保存期間 2〜3週間

トレーに重ならないように並べてラップをかけて冷凍し、凍ったら冷凍用保存袋に入れて冷凍庫で保存する。

解凍方法 冷蔵庫 流水

活用メモ
牛角切り肉はワイン煮込みに、豚角切り肉は酢豚やしょうゆ味の煮込みに。

塩、こしょうして冷凍 | 下味

下味をつけると風味が落ちにくい！

保存期間 2〜3週間

塩、こしょう、その他好みの味つけをし、トレーに重ならないように並べ、ラップをかけて冷凍する。凍ったら冷凍用保存袋に入れて冷凍庫で保存する。

解凍方法 冷蔵庫 流水

活用メモ
風味が落ちにくいためそのまま焼いても美味しい。煮込み料理にも便利。

焼いて冷凍 | 加熱

保存期間 3〜4週間

1

肉に塩、こしょうをふり、焼く。

2

冷めたら冷凍用保存袋に重ならないように入れて冷凍する。

解凍方法 冷蔵庫 電子レンジ

活用メモ
カレーやシチューなど煮込み料理に便利。

鶏もも肉・むね肉

冷蔵

保存方法

ラップで包む

保存期間 **1～2日**

ラップで包む
パックから出してラップでぴっちり包み、冷蔵室または特別低温室で保存する。

冷凍

1枚ずつ冷凍 | 生

保存期間 **2～3週間**

1

肉の水気をふき、余分な脂を取り除く。もも肉はスジ切りする。

2

1枚ずつラップでぴっちり包み、冷凍用保存袋に入れて冷凍する。

解凍方法 冷蔵庫 流水

活用メモ
カットして親子丼、炒め物などに！

カットして冷凍 | 生

保存期間 **2～3週間**

1

肉の水気をふき、余分な脂を取り除き、もも肉はスジ切りする。使いやすい大きさに切る。

2

冷凍用保存袋に重ならないように入れ、冷凍する。

解凍方法 冷蔵庫 流水

活用メモ
チキンライスや炒め物、筑前煮などにさっと使えて便利！

調味料につけて冷凍　下味

保存期間 **3〜4週間**

鶏肉1枚を左ページ右側のように食べやすい大きさに切り、冷凍用保存袋にから揚げ用のつけ汁（しょうゆ大さじ1、酒大さじ1、みりん大さじ1）とともに入れ、薄く平らにして冷凍する。

解凍方法　冷蔵庫／流水

活用メモ
そのまま揚げてから揚げに。甘酢あん（下記）などでアレンジしても美味しい。

MEMO 量が多ければ小分け冷凍を
汁気があるため、凍ったらひとかたまりになります。量が多い場合は数袋に分けて冷凍すると使いやすいでしょう。

活用RECIPE
鶏のから揚げ甘酢あんかけ

材料（1人分）
鶏もも肉（カットしてから揚げの味つけをしたもの）
　…4切れ：冷蔵庫解凍する
片栗粉、揚げ油…各適量
水…75ml
顆粒鶏ガラスープの素…少々
にんじん（せん切り）…15g
さやいんげん（ゆでたもの）…2本：食べやすい長さに切る
※にんじん、さやいんげんは冷凍でもOK。その場合凍ったまま使う。
A（砂糖、酢、薄口しょうゆ、トマトケチャップ各小さじ1）
水溶き片栗粉（水と片栗粉を同量混ぜる）…小さじ2

1. 鶏肉は汁気をふいて片栗粉をまぶし、中温に熱した揚げ油でからっと揚げる。
2. 小鍋に分量の水、鶏ガラスープの素を入れ、にんじん、さやいんげんを加えて中火で煮る。
3. 煮立ったらAを加え、再び煮立ったら水溶き片栗粉でとろみをつける。
4. 1を加えて絡める。

ゆでて冷凍　加熱

保存期間 **3〜4週間**

鶏肉を熱湯に入れて15〜20分ゆで、湯の中で冷ます。ゆで汁ごと冷凍用保存袋に入れ（または肉とゆで汁を別々の袋に入れ）、冷凍する。

解凍方法　冷蔵庫／電子レンジ

活用メモ
肉はサラダや汁物の具に。ゆで汁は鶏のだしが出ているので、スープや雑炊に最適！

活用RECIPE
うまみたっぷりきのこスープ

材料（2人分）
冷凍鶏のゆで汁…1と½カップ
冷凍きのこミックス（→p.77）…100g
卵…1個：溶きほぐす
塩、こしょう…各少々

1. 鍋に凍ったままの鶏のゆで汁を入れて温め、きのこミックスを凍ったまま加えて煮る。
2. きのこが煮えたら溶いた卵を回し入れ、塩、こしょうで味を調える。

PART 3　素材別冷蔵・冷凍法　肉　鶏もも肉・むね肉

鶏ささみ

冷蔵

保存方法 +
ラップで包む　保存袋に入れる

保存期間 **1日**

ラップで包む
パックから出してラップでぴっちり包み、保存袋に薄く平らに入れ、冷蔵室または特別低温室で保存。

冷凍

1本ずつ冷凍 ｜ 生

保存期間 **2〜3週間**

1 ささみのスジを取り、切り目を入れて広げ、厚みを均等にする。

2 1本ずつラップでぴっちり包み、冷凍用保存袋に入れて冷凍する。

解凍方法
冷蔵庫　流水

活用メモ
薄く広げてあるので、チーズや青じそを巻いて揚げるのにも便利です。

酒蒸しして冷凍 ｜ 加熱

保存期間 **3〜4週間**

1 鶏肉に酒と塩をふり（肉1枚につき塩小さじ1/3、酒大さじ1〜2）、蒸す（電子レンジで加熱してもよい）。

2 冷めたら使いやすい大きさに裂く。

3 冷凍用保存袋に薄く平らに入れ、冷凍する。

解凍方法
室温　冷蔵庫　電子レンジ

活用メモ
半解凍で調理可能。サンドイッチの具、バンバンジーなどに。

> **MEMO**
> むね肉は衣（小麦粉、卵、パン粉）をつけて冷凍しても。凍ったまま揚げてOKです。

PART 3 ・素材別冷蔵・冷凍法 肉

鶏もも肉・むね肉・鶏ささみ

塩、酒をふる　下味

保存期間 **2〜3週間**

1

スジを取り、塩、酒などをふって下味をつける。

2

1本ずつラップでぴっちり包み、冷凍用保存袋に入れて冷凍する。

解凍方法　冷蔵庫　流水　電子レンジ

活用メモ
下味がついているので、電子レンジで解凍・加熱すればそのまま食べられます。サラダや和え物にも！

ゆでて冷凍　加熱

保存期間 **3〜4週間**

1

鶏ささみはスジを取り、皮ごと薄切りにしたしょうがとともに熱湯に入れ、ゆでる。

2

火が通ったら湯の中で冷ます。脂の少ない肉はゆで汁の中で冷ますとしっとり仕上がる。

3

使いやすい大きさに裂く。冷凍用保存袋に薄く平らに入れ、冷凍する。

解凍方法　室温　冷蔵庫　電子レンジ

活用メモ
和え物にすぐに使えて便利。セロリとカレーマヨネーズで和えてもおいしい。

鶏手羽肉

冷蔵

保存方法

ラップで包む ＋ 保存袋に入れる

保存期間 1〜2日

ラップで包む
水でよく洗って水気をふき取り、ラップでぴっちり包み、保存袋に入れ、冷蔵室または特別低温室で保存する。

冷凍

洗って冷凍 [生]

保存期間 2〜3週間

1

鶏手羽肉を水でよく洗って水けをふき取る。

2

冷凍用保存袋に重ならないように入れ、冷凍する。

解凍方法 冷蔵庫 流水

活用メモ
鶏手羽肉と野菜の煮物、スープ、寄せ鍋などに入れると濃厚なだしが出ておいしい！

塩、こしょうして冷凍 [下味]

保存期間 2〜3週間

鶏手羽肉に塩、こしょうをふり、冷凍用保存袋に重ならないように入れ、冷凍する。

解凍方法 冷蔵庫 流水

活用メモ
フライパンで両面を焼いてそのまま。凍ったまま水から煮てスープにしても！

味つけして冷凍 [下味]

保存期間 3〜4週間

冷凍用保存袋に鶏手羽肉とから揚げ用のつけ汁（しょうゆ大さじ1、酒大さじ1、みりん大さじ1）を入れ、重ならないようにして冷凍する。

解凍方法 冷蔵庫 流水

活用メモ
そのままから揚げに！

ゆでて冷凍 　加熱

保存期間 3〜4週間

鶏手羽肉をゆでて湯の中で冷まし、冷凍用保存袋に鶏肉とゆで汁を分けて（または一緒に）入れ、冷凍する。

（解凍方法）冷蔵庫(肉・ゆで汁)　電子レンジ(肉)　凍ったまま調理(ゆで汁)

（活用メモ）
肉、ゆで汁とも、カレー、ポトフ、スープなどに！

ラム肉

冷蔵

（保存方法）

保存期間 消費期限内

ラップで包む
パックから出してラップでぴっちり包み、保存袋に入れ、冷蔵室か特別低温室で保存する。

冷凍

小分けして冷凍　生

保存期間 2〜3週間

脂分を取り除き、使いやすい分量ずつ小分けしてラップでぴっちり包み、冷凍用保存袋に入れて冷凍。解凍してから売られているものは再冷凍を避ける。

（解凍方法）冷蔵庫　流水

（活用メモ）
炒めて好みの味つけに！

味つけして冷凍　下味

保存期間 3〜4週間

冷凍用保存袋に入れて塩、こしょうをふり、ローズマリーなどの香りの強いハーブ、にんにくの薄切り、オリーブ油を加えて絡め、冷凍する（骨つきのラム肉でもよい）。ジンギスカンのたれに漬け込んでもよい。

（解凍方法）冷蔵庫

（活用メモ）
骨つきはバーベキューにおすすめです！

レバー

冷蔵

保存期間 消費期限内

傷みやすいので、できるだけ早く下処理をして血抜きし、食べきる。

冷凍

調味料に漬けて冷凍　下味

保存期間 1〜2週間

血抜きし、しっかり水気を取る。焼き肉のたれと一緒に冷凍用保存袋に入れ、冷凍する。

（解凍方法）冷蔵庫

（活用メモ）
そのまま焼いたり、キャベツやにらと炒めればレバにら炒めに！

火を通して冷凍　加熱

保存期間 1〜2週間

フライや煮物、炒め物などの加熱調理をし、ばら冷凍（→p.64）や1食分ずつに小分けし、冷凍用保存袋に入れて冷凍する。

（解凍方法）冷蔵庫　電子レンジ

かじきまぐろ

冷蔵

保存方法

ラップで包む

ラップで包む
パックから出してラップでぴっちり包み、冷蔵室か特別低温室で保存する。

保存期間 **2〜3日**

冷凍

1切れずつ冷凍 〈生〉

保存期間 **2〜3週間**

かじきまぐろを1切れずつラップでぴっちり包み、冷凍用保存袋に入れて冷凍する。

解凍方法 冷蔵庫 流水

活用メモ
小麦粉などの衣をつけて炒めものに。和洋中いろいろな味つけでおいしく食べられます。

塩、こしょうして冷凍 〈下味〉

保存期間 **2〜3週間**

かじきまぐろに塩、こしょうをふり、1切れずつラップでぴっちり包み、冷凍用保存袋に入れて冷凍する。

解凍方法   冷蔵庫 流水

活用メモ
そのままソテーしたり、カレーなどにも使えます。

調味料につけて冷凍 〈下味〉

保存期間 **3〜4週間**

1

冷凍用保存袋に照り焼き用のたれを入れ、かじきまぐろを加える。

2

重ならないように平らにして、冷凍する。

解凍方法   冷蔵庫 流水

活用メモ
そのまま焼いたり、パン粉などの衣をまぶして揚げてフライに。

きんめだい

冷蔵

(保存方法)
ラップで包む

保存期間 2〜3日

ラップで包む
パックから出してラップでぴっちり包み、冷蔵室か特別低温室で保存する。

冷凍

1切れずつ冷凍 　生

保存期間 2〜3週間

きんめだいを1切れずつラップでぴっちり包み、冷凍用保存袋に入れて冷凍する。

(解凍方法) 冷蔵庫／流水

(活用メモ)
煮魚や塩焼きに！

みそ漬けにして冷凍 　下味

保存期間 3〜4週間

ラップを広げてみそをのばし、きんめだいをのせ、上からもみそをぬる。

1切れずつラップでぴっちり包む。

冷凍用保存袋に入れて冷凍する。

(解凍方法) 冷蔵庫

(活用メモ)
みそをぬぐってそのまま焼いて！

> **MEMO**
> **漬けてあるものも冷凍OK**
> 手作りや市販のもので、すでに酒かす漬けになったものも、同様にして冷凍することができます。

PART 3 素材別冷蔵・冷凍法 魚
かじきまぐろ・きんめだい

さけ

冷蔵

保存方法

保存期間 2〜3日

ラップで包む

ラップで包む
パックから出してラップでぴっちり包み、冷蔵室か特別低温室で保存する。

冷凍

1切れずつ冷凍 〔生〕

保存期間 2〜3週間

さけを1切れずつラップでぴっちり包み、冷凍用保存袋に入れて冷凍する。

解凍方法 冷蔵庫 流水

活用メモ
塩焼きやソテー、一口大に切ってグラタンやクリームスープなどに。

酒かすに漬けて冷凍 〔下味〕

保存期間 3〜4週間

さけに酒とみりんでのばした酒かすの漬け床を絡め、1切れずつラップでぴっちり包み、冷凍用保存袋に入れて冷凍する。

解凍方法 冷蔵庫

活用メモ
そのまま焼いたり、煮物や汁物に使っても。

調味料につけて冷凍 〔下味〕

保存期間 3〜4週間

同量のしょうゆ、酒、みりんとさけを冷凍用保存袋に入れ、重ならないようにして冷凍する。

解凍方法 冷蔵庫 流水

活用メモ
そのまま焼いたり、片栗粉をまぶして揚げて竜田揚げに。

焼いてほぐして冷凍 〔調理〕

保存期間 3〜4週間

さけを焼き、皮を取り除いてほぐす。使いやすい分量に小分けしてラップでぴっちり包み、冷凍用保存袋に入れて冷凍する。

解凍方法 冷蔵庫 電子レンジ

活用メモ
ふりかけとして、ご飯に混ぜておにぎりにしても！

さば

冷蔵

保存方法

保存期間 2〜3日

ラップで包む

ラップで包む
パックから出してラップでぴっちり包み、冷蔵室か特別低温室で保存する。

冷凍

1切れずつ冷凍　生

保存期間 2〜3週間

さばに塩をふってしばらくおき、出てきた水分をよくふき取る。1切れずつラップでぴっちり包み、冷凍用保存袋に入れて冷凍する。

解凍方法　冷蔵庫　流水

活用メモ
片栗粉をまぶして竜田揚げや、みそ煮などに。みそだれをのせてトースターで焼くのもおすすめです。

味つけして冷凍　下味

保存期間 3〜4週間

1

さばに塩、こしょうで下味をつけてカレー粉をふり、片栗粉をまぶす。

2

1切れずつラップでぴっちり包み、冷凍用保存袋に入れて冷凍する。

解凍方法　冷蔵庫　流水

活用メモ
煮魚や照り焼きなどに。

塩焼きにして冷凍　調理

保存期間 3〜4週間

さばに塩をふって焼き、冷めたら1切れずつラップでぴっちり包み、冷凍用保存袋に入れて冷凍する。

解凍方法　冷蔵庫　流水

活用メモ
温めてそのまま食べたり、ほぐして薬味とともにごはんに混ぜても。

たら

冷蔵

保存方法

ラップで包む

保存期間 **2〜3日**

ラップで包む
パックから出してラップでぴっちり包み、冷蔵室か特別低温室で保存する。

冷凍

1切れずつ冷凍 | 生

保存期間 **2〜3週間**

1

> 白身魚は身がやわらかく、水気も多いので水気をよく取りましょう

たらの水気をキッチンペーパーでよくふき取る。

2

1切れずつラップでぴっちり包み、冷凍用保存袋に入れて冷凍する。

解凍方法 冷蔵庫 / 流水

活用メモ
鍋や煮物、卵の衣を絡めて焼いて、ピカタにも。

塩、こしょうして冷凍 | 下味

保存期間 **2〜3週間**

1

たらに塩、こしょうをふる。

2

1切れずつラップでぴっちり包み、冷凍用保存袋に入れて冷凍する。

解凍方法 冷蔵庫 / 流水

活用メモ
バターで焼いてシンプルなソテーや、カットしてグラタンに！

すり身にして冷凍 | 生

保存期間 2〜3週間

たらの皮を切り、包丁で細かくたたくかフードプロセッサーにかけて、すり身にする。冷凍用保存袋に入れて薄く平らにし、使いやすい分量のところにスジ目をつけて冷凍する。

解凍方法 冷蔵庫 流水

活用メモ
団子にして煮物や汁物に。ねぎなどを加えて丸めて揚げても。

衣をつけて冷凍 | 半調理

保存期間 2〜3週間

たらをカットしてフライの衣（小麦粉、卵、パン粉）をつける。1切れずつラップでぴっちり包み、冷凍用保存袋に入れて冷凍する。

解凍方法 冷蔵庫 凍ったまま調理

活用メモ
揚げるだけでおかずが1品完成！

そぼろにして冷凍 | 調理

保存期間 3〜4週間

たらをゆでて皮を取り、鍋に入れて数本の菜箸で炒りつけながらそぼろを作る。使いやすい分量に小分けしてラップでぴっちり包み、冷凍用保存袋に入れて冷凍する。

解凍方法 冷蔵庫 電子レンジ

活用メモ
お好みで味つけしておにぎりやお茶漬けに！

ひらめ

冷蔵

保存方法

保存期間 2〜3日

ラップで包む
パックから出してラップでぴっちり包み、冷蔵室か特別低温室で保存する。

冷凍

1切れずつ冷凍 | 生

保存期間 2〜3週間

ひらめの水気をキッチンペーパーでよくふき取る。1切れずつラップでぴっちり包み、冷凍用保存袋に入れて冷凍する。

解凍方法 冷蔵庫 流水

活用メモ
薄味の煮物や鍋に。

塩、こしょうして冷凍 | 下味

保存期間 2〜3週間

ひらめに塩、こしょうをふり、1切れずつラップでぴっちり包み、冷凍用保存袋に入れて冷凍する。

解凍方法 冷蔵庫 流水

活用メモ
ソテーやフライに。衣にハーブや粉チーズを加えるのもおすすめです。

衣をつけて冷凍 | 半調理

保存期間 2〜3週間

たらをカットしてフライの衣（小麦粉、卵、パン粉）をつける。1切れずつラップでぴっちり包み、冷凍用保存袋に入れて冷凍する。

解凍方法 凍ったまま調理

活用メモ
揚げるだけでおかずが1品完成！

ぶり

冷蔵

[保存方法]

保存期間 2〜3日

ラップで包む
パックから出してラップでぴっちり包み、冷蔵室か特別低温室で保存する。

冷凍

1切れずつ冷凍 | 生

保存期間 2〜3週間

ぶりを1切れずつラップでぴっちり包み、冷凍用保存袋に入れて冷凍する。

[解凍方法] 冷蔵庫 流水

[活用メモ]
ぶり大根などの煮物や、炒め物にも。

調味料につけて冷凍 | 下味

保存期間 3〜4週間

冷凍用保存袋に照り焼き用のたれを入れ、ぶりを加える。

2

重ならないように平らにして、冷凍する。

[解凍方法] 冷蔵庫 流水

[活用メモ]
そのまま焼いたり、衣をつけて揚げても。

塩焼きにして冷凍 | 調理

保存期間 3〜4週間

ぶりに塩をふって焼き、冷めたら1切れずつラップでぴっちり包み、冷凍用保存袋に入れて冷凍する。

[解凍方法]   冷蔵庫 電子レンジ

[活用メモ]
温めてそのまま食べたり、和え物や、ほぐしてお弁当に入れるのも便利です。

あじ、さんま

冷蔵

（保存方法）

保存期間 **2〜3日**

ラップで包む

ラップで包む
なるべく早く下処理をして、ラップでぴっちり包んで冷蔵室か特別低温室で保存する。

冷凍

1尾ずつ冷凍　｜生｜

保存期間 **2〜3週間**

1 魚の頭と内臓、あじはぜいごを取り、流水で洗って水気をふき取る。

2 一尾ずつラップでぴっちり包み、冷凍用保存袋に入れて冷凍する。

（解凍方法） 冷蔵庫　流水

（活用メモ）
そのまま煮物や塩焼きに。塩焼きはハーブをプラスすると洋風に。

三枚におろして冷凍　｜生｜

保存期間 **2〜3週間**

1 魚を三枚おろしにして塩をふり、しばらくおく。

2 1切れずつラップでぴっちり包み、冷凍用保存袋に入れて冷凍する。

（解凍方法） 冷蔵庫　流水

（活用メモ）
衣をつけてフライや南蛮漬けに。みそだれなどをはさんで焼いたり揚げたりしても。

調味料につけて冷凍　｜下味｜

冷凍用保存袋に照り焼き用のたれを入れ、ぶりを加える。重ならないように平らにして、冷凍する。

保存期間 **3〜4週間**

（解凍方法） 冷蔵庫　流水

（活用メモ）
から揚げや、そのまま焼いて。

PART 3 素材別冷蔵・冷凍法　魚

ぶり・あじ、さんま

塩焼きにして冷凍 　加熱

丸のまま冷凍

保存期間 3〜4週間

魚の内臓を取って塩焼きにし、冷めたらラップで一尾ずつぴっちり包み、冷凍用保存袋に入れて冷凍する。

（解凍方法） 冷蔵庫　 電子レンジ

（活用メモ）
そのまま温めてどうぞ！

ほぐして冷凍

上記と同様に塩焼きにした魚の頭と皮、骨を除いてほぐす。使いやすい分量に小分けしてラップでぴっちり包み、冷凍用保存袋に入れて冷凍する。

（解凍方法） 冷蔵庫　 電子レンジ

（活用メモ）
温めてごはんにかけたり、香味野菜と混ぜて一品に。

冷凍作りおきおかずRECIPE

さんまのかば焼き

保存期間 3〜4週間

1. 三枚におろしたさんまに片栗粉をまぶしてサラダ油で焼き、しょうゆ、みりん、酒（一尾あたり大さじ½、大さじ½、大さじ½）を加えて絡める。小分けにしてラップでぴっちり包み、冷凍用保存袋に入れて冷凍する。

豆あじ

冷蔵

（保存方法） ラップで包む

保存期間 2〜3日

ラップで包む
なるべく早く下処理をして、ラップでぴっちり包んで冷蔵室か特別低温室で保存する。

冷凍

下処理して冷凍　生

保存期間 2〜3週間

豆あじの頭とぜいご、内臓を取り、流水で洗って水気をふき取る。ばら冷凍（→p.64）する。

（解凍方法） 冷蔵庫　 流水

（活用メモ）
煮物やから揚げに。

素揚げして冷凍　加熱

保存期間 3〜4週間

豆あじを上記と同様に下処理し、素揚げするか、フライパンに多めの油を熱して揚げ焼きし、冷ましてからばら冷凍（p.64）する。

（解凍方法） 室温　 冷蔵庫　 電子レンジ

（活用メモ）
南蛮漬けや和え物に。

調味料につけて冷凍　半調理

保存期間 3〜4週間

マリネ液を作り、上記と同様に下処理した豆あじと一緒に冷凍用保存袋に入れて冷凍する。薄切りの玉ねぎやにんじんを一緒に入れてもよい。

（解凍方法） 冷蔵庫　 流水

（活用メモ）
そのままや、パプリカやゆでたアスパラなどを加えても。

いわし

冷蔵

保存方法

ラップで包む

保存期間 2〜3日

ラップで包む
なるべく早く下処理をして、ラップでぴっちり包んで冷蔵室か特別低温室で保存する。

冷凍

1切れずつ冷凍 | 生

保存期間 2〜3週間

1
いわしの頭と内臓を取る。

2
流水で洗って水気をふき取る。一尾ずつラップでぴっちり包み、冷凍用保存袋に入れて冷凍する。

解凍方法 冷蔵庫　流水

活用メモ
煮物にしたり、塩焼きに。

手開きにして冷凍 | 生

保存期間 2〜3週間

1
いわしの頭と内臓を取り、流水で洗って水気をふき取り、手開きにする。

2
一尾ずつラップでぴっちり包み、冷凍用保存袋に入れて冷凍する。

解凍方法 冷蔵庫　流水

活用メモ
照り焼きや、梅だれとしそをはさんでから揚げにしても。

PART 3 素材別冷蔵・冷凍法 魚

あじ、さんま・豆あじ・いわし

塩、こしょうして冷凍 | 下味

保存期間 **2〜3週間**

手開きしたいわしに、塩、こしょうなどの下味をつける。一尾ずつラップでぴっちり包み、冷凍用保存袋に入れて冷凍する。

解凍方法 冷蔵庫　流水

活用メモ
フライや、卵を絡めて焼いてピカタに。フライはチーズをはさんでも。

すり身にして冷凍 | 半調理

保存期間 **2〜3週間**

1 開いたいわしを包丁でたたくかフードプロセッサーにかけて、すり身にする。

2 冷凍用保存袋に入れて薄く平らにし、使いやすい分量のところにスジ目をつけて、冷凍する。

解凍方法 冷蔵庫　流水

活用メモ
丸めてつみれに！

わかさぎ

冷蔵

保存方法

保存期間 **2〜3日**

 ラップで包む

ラップで包む
なるべく早く下処理をして、ラップでぴっちり包んで冷蔵室か特別低温室で保存する。

冷凍

下処理して冷凍 | 生

保存期間 **2〜3週間**

1 わかさぎの頭と内臓を取る。

2 流水で洗って水気をふき取り、ばら冷凍する。

解凍方法 冷蔵庫　流水

活用メモ
衣をつけて揚げ、玉ねぎやにんじんとマリネに。

味つけして冷凍 | 下味

保存期間 **3〜4週間**

わかさぎにから揚げの下味をつけて小麦粉か片栗粉をまぶし、ばら冷凍する。

解凍方法 冷蔵庫　流水

活用メモ
そのままから揚げに。

MEMO

揚げてから冷凍してもOK！

わかさぎのから揚げは、揚げてから冷凍しておくのもおすすめです。お弁当のおかずに重宝しますし、南蛮漬けなどのたれに漬けてアレンジするのもよいでしょう。p.133のたらのように衣をつけて冷凍したり、p.136の豆あじのように素揚げして冷凍してもOKです。

いか

冷蔵

(保存方法)

保存期間 **1日**

保存袋に入れる
内臓と軟骨を取って保存袋に入れ、冷蔵室か特別低温室で保存する。

冷凍

カットして冷凍 | 生

保存期間 **2〜3週間**

いかの内臓と軟骨を取り、胴は使いやすい大きさに切り、足は切り分ける。水気をふき取り、部位ごとに冷凍用保存袋に薄く平らに入れて冷凍する。

(解凍方法) 冷蔵庫 / 流水 / 凍ったまま調理

(活用メモ)
パスタの具などに！下処理が済んでいるかららくちん！

活用RECIPE
魚介のトマトパスタ

材料(2人分)
冷凍殻つきあさり…100g
冷凍いか…½杯分
冷凍トマトソース(p.90)…2カップ分：半解凍する
冷凍さやいんげん(ゆでたもの)…6本
オリーブ油…大さじ1
にんにく(みじん切り)…1片分
白ワイン…½カップ
ゆでスパゲッティ…400g(乾麺の場合160g)
塩、こしょう…各適量

1 フライパンにオリーブ油とにんにくを入れて弱火で熱し、香りがたったらあさりといかを凍ったまま加える。白ワインを加えてふたをし、強火にする。
2 あさりの口が開いたらトマトソースを加えて中火で煮立て、さやいんげんを凍ったまま折りながら加えて炒め合わせる。
3 3にスパゲッティを加えて全体を混ぜ、塩、こしょうをふって味を調える。

調味料につけて冷凍 | 下味

保存期間 **3〜4週間**

冷凍用保存袋に下処理してカットしたいかとしょうゆ、酒、みりんを入れ、薄く平らにして冷凍する。

(解凍方法) 冷蔵庫 / 流水

(活用メモ)
さといもなどとの甘辛い煮物や、炒め物に。

衣をつけて冷凍 | 半調理

保存期間 **2〜3週間**

1
いかの内臓などを取って胴の皮をむいて輪切りにし、フライの衣(小麦粉、卵、パン粉)をつける。

2
冷凍用保存袋に重ならないように入れて冷凍する。

(解凍方法) 冷蔵庫 / 流水 / 凍ったまま調理

(活用メモ)
揚げるだけでおかずが1品完成！

PART 3 素材別冷蔵・冷凍法 魚

いわし・わかさぎ・いか

えび

冷蔵

保存方法

保存袋に入れる

保存期間 1日

保存袋に入れる
胴を取り、殻をむいて背ワタを取り除き、水で洗って水気をふき取る。保存袋に入れて冷蔵室か特別低温室で保存する。

冷凍

背ワタを取って冷凍 | 生

保存期間 2～3週間

えびを殻つきのまま水でよく洗い、水気をふき取る。背ワタを取り、冷凍用保存袋に重ならないように入れて冷凍する。

解凍方法 流水

活用メモ
下処理をしてあるから炒め物にさっと使えて便利！

活用RECIPE

えびとピーマンのマヨ炒め

材料（2人分）
冷凍えび（背ワタを取った殻つきのもの）
　…12尾：解凍する
塩、こしょう、酒…各適量
サラダ油…大さじ½
しょうが（みじん切り）…1片分
ピーマン（乱切りにしてゆでたもの）…2個分
長ねぎ（斜め切りにしたもの）…½本分
※しょうが、ピーマン、長ねぎは冷凍でも可。その場合凍ったまま使う。
マヨネーズ…大さじ1と½

1. えびは殻をむき、塩、こしょう、酒各少々をふって下味をつける。
2. フライパンにサラダ油としょうがを入れて弱火で炒め、香りが立ったらえびを加えて中火で炒める。
3. えびの色が変わったらピーマンと長ねぎを加えて炒め合わせる。マヨネーズを加え、塩、こしょうを各少々ふり、味を調える。

すり身にして冷凍 | 生

保存期間 2～3週間

えびの身を包丁でたたくかフードプロセッサーにかけて、すり身にする。冷凍用保存袋に薄く平らに入れ、使いやすい分量のところにスジ目をつけて冷凍する。

解凍方法 冷蔵庫　流水

活用メモ
えび団子にして、スープや揚げ物に！

ゆでて冷凍 | 加熱

保存期間 3～4週間

えびの背ワタを取り、殻つきのままゆでて冷ます（金網を敷いたバットに並べると冷めるのが早い）。冷凍用保存袋に重ならないように入れ、冷凍する。

解凍方法   電子レンジ　凍ったまま調理

活用メモ
サラダなどに。

たこ

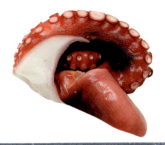

冷蔵

保存方法

保存袋に入れる

保存期間 1〜3日

保存袋に入れる
生のたこ、ゆでだこも、ラップでぴっちり包んで保存袋に入れ、冷蔵室か特別低温室で保存する。生のたこはその日のうちに食べきる。

冷凍

1本ずつ冷凍 | そのまま

保存期間 1〜2週間

> 酒をふってから冷凍すると臭みが出にくい！

1

たこを1本ずつラップでぴっちり包む。

2

冷凍用保存袋に入れて冷凍する。

解凍方法 冷蔵庫 流水

活用メモ
わかめと酢の物にしたり、みそ和え、おでんに入れてもおいしい。

味つけして冷凍 | 下味

保存期間 2〜3週間

たこを使いやすい大きさに切り、酒、しょうゆなどの調味料と一緒に冷凍用保存袋に入れ、重ならないようにして冷凍する。

解凍方法 冷蔵庫 流水

活用メモ
から揚げやマリネなどに。

かに（ゆでがに）

冷蔵

保存方法

ラップで包む

保存期間 1〜2日

ラップで包む
ラップでぴっちり包んで特別低温室で保存する。

冷凍

身を取り出して冷凍 | そのまま

保存期間 2〜3週間

ゆでがにの身を殻から取り出して軟骨を取り除き、使いやすい分量ずつ小分けにしてラップでぴっちり包み、冷凍用保存袋に入れて冷凍する。

解凍方法   チルド室で解凍　流水

活用メモ
スープや酢の物、チャーハン、鍋物などに。鍋物の場合は、表面の氷が溶けたくらいで使えます。

> **MEMO**
> **活きがにはゆでてほぐす**
> 活きのかにはとくに鮮度が落ちやすいので、そのまま冷凍するのではなく、ゆでてほぐしてから冷凍を。

あさり、はまぐり

冷蔵

保存方法

水につける

保存期間
2〜3日

水につける
むき身はパックから出し、薄い塩水をはったボウルに入れ、冷蔵室で保存。殻つきは保存容器であさりが半分つかるくらいの3％の塩水につけ、ふたをして冷蔵室で保存。1日1回塩水を取り替える。

冷凍

むき身を冷凍 | そのまま

保存期間 **1〜2週間**

キッチンペーパーであさりのむき身の水気をふき取る。冷凍用保存袋に薄く平らに入れて冷凍する。

解凍方法

冷蔵庫 / 流水

活用メモ
しぐれ煮や和え物、クラムチャウダー、あさりごはんに！

殻ごと冷凍 | 生

保存期間 **1〜2週間**

殻つきのあさりを砂抜きし、殻をよく洗って水気をふき取る。冷凍用保存袋に重ならないように入れ、冷凍する。

解凍方法

冷蔵庫

活用メモ
スープやみそ汁、炒め物、パスタやパエリアなどに。

酒蒸しして冷凍 | 加熱

保存期間 **2〜3週間**

殻つきのあさりを砂抜きして殻をよく洗い、酒蒸しする。冷めたら殻ごと冷凍用保存袋に重ならないように入れ、冷凍する。むき身も酒蒸しして冷凍してもよい。

解凍方法

冷蔵庫　凍ったまま調理

活用メモ
パスタやスープに！

ゆでて冷凍 | 加熱

1

保存期間 **2〜3週間**

殻つきのあさりを砂抜きして殻をよく洗い、水から火にかけてゆでる。

2

水気をふき取り、冷凍用保存に重ならないように入れ、冷凍する。ゆで汁も冷凍可。

解凍方法

凍ったまま調理 （ゆで汁は冷蔵庫解凍、凍ったまま調理）

活用メモ

パスタやスープに！

かき

冷蔵

保存方法

水につける

保存期間 **2~3日**

水につける

むき身はパックから出し、薄い塩水をはった保存容器に入れ、冷蔵室で保存。殻つきは殻が乾かないように塩水でしめらせた新聞紙などで包み、さらにラップでぴっちり包み、冷蔵室で保存。

冷凍

洗って冷凍（むき身） 生

保存期間 **1~2週間**

むき身を塩水で洗ってから大根おろしの中に入れてよくかき混ぜ、水を加えて目の粗いザルの中でふり洗いする。水気をよくふき取り、ばら冷凍（→p.64）する。

解凍方法

冷蔵庫　流水　凍ったまま調理

活用メモ

そのまま鍋や、衣をつけてフライや炒め物にも。

ゆでて冷凍（むき身） 加熱

保存期間 **2~3週間**

上記と同様にしてむき身を洗い、ゆでて冷まし、ばら冷凍（→p.64）する。

解凍方法

流水　凍ったまま調理

活用メモ

そのまま食べたり、和え物、チヂミなどに。

しじみ

冷蔵

保存方法

保存期間 **2~3日**

水につける

真水で砂抜きした後、水を換えてボウルごと冷蔵室で保存。

冷凍

砂抜きして冷凍 生

保存期間 **2~3週間**

砂抜きして殻をよく洗い、水気をふき取って殻ごと冷凍用保存袋に重ならないように入れ、冷凍する。

解凍方法

凍ったまま調理

活用メモ

スープやみそ汁に！

ワイン蒸しにして冷凍 加熱

保存期間 **2~3週間**

砂抜きして殻をよく洗ったしじみを白ワインで蒸し、冷めたら冷凍用保存袋に重ならないように入れ、冷凍する。

解凍方法

凍ったまま調理

活用メモ

そのままスープやみそ汁の具に、むき身にしてピラフや和え物に！

PART 3 素材別冷蔵・冷凍法 魚

あさり、はまぐり・かき・しじみ

ほたて

冷蔵

保存方法

ラップで包む

保存期間 2〜3日

ラップで包む
パックから出してラップでぴっちり包み、冷蔵室か特別低温室で保存する。

冷凍

そのまま冷凍 | 生

保存期間 1〜2週間

ほたての水気をふき取って冷凍用保存に重ならないように入れ、冷凍する。

解凍方法

冷蔵庫　流水

活用メモ
そのままや炒め物、ソテー、グラタンやシチューに。

ゆでて冷凍 | 加熱

保存期間 2〜3週間

ほたてをゆでて冷まし、冷凍用保存袋に重ならないように入れ、冷凍する。ほぐしてから冷凍してもよい。

解凍方法

冷蔵庫

活用メモ
そのまま和え物に！

刺し身（まぐろ、かつお、たい）

冷蔵

保存方法

 ＋
ラップで包む　保存袋に入れる

保存期間 1日

ラップで包み保存袋に入れる
パックから出してラップで水気をふき取り、ラップでぴっちり包み、保存袋に入れて冷蔵室か特別低温室で保存する。

冷凍

そのまま冷凍 | 生

1

保存期間 1〜2週間

刺し身の水気をキッチンペーパーでふき取る。

2

ラップでぴっちり包んで冷凍用保存袋に入れ、冷凍する。

解凍方法

冷蔵庫　（半解凍で切ると切りやすい）

活用メモ
そのまま刺し身として。づけや炒め物、ソテーに。

カルパッチョにして冷凍（たい）　調理

保存期間 1～2週間

解凍時に味がしみ込む！

たいをそぎ切りにし、パセリのみじん切り、レモンの薄切り、オリーブ油とともに冷凍用保存袋に入れて薄く平らにし、冷凍する。

解凍方法　 冷蔵庫

活用メモ
そのままカルパッチョとして！

PART 3 ・素材別冷蔵・冷凍法　魚

ほたて・刺し身

調味料につけて冷凍　下味

保存期間 2～3週間

刺し身を食べやすい大きさに切り、冷凍用保存袋に入れ、わさびじょうゆを加えて絡め、薄く平らにして冷凍する。

解凍方法　 冷蔵庫

活用メモ
竜田揚げや炒め物に。

MEMO　づけにするのもおすすめ。

わさびじょうゆづけにする要領で、しょうゆ、みりん、酒を1:1:1で合わせた調味液とともに冷凍します。食べるときは冷蔵庫解凍します。

焼いて冷凍　加熱

保存期間 2～3週間

刺し身を薄切りや角切りにしてサラダ油で焼き、冷めたら冷凍用保存袋に重ならないように入れ、冷凍する。

解凍方法　 冷蔵庫

活用メモ
南蛮漬けなどに！

炙って冷凍（かつお）　加熱

保存期間 1～2週間

かつおを炙り、冷めたらラップでぴっちり包み、冷凍用保存袋に入れて冷凍する。

解凍方法　 冷蔵庫

活用メモ
サラダなどに！

卵

冷蔵

保存期間 1〜2週間

ケースのまま保存

購入時のケースに入れたまま、ドアポケットの卵用スペースに置いて保存する。賞味期限は生食できる期限。それ以降は加熱調理して早めに食べきる。

冷凍

殻ごと冷凍　[生]

保存期間 2〜3週間

購入時のケースに入れたまま冷凍用保存袋に入れて冷凍する。卵は冷凍すると割れ、食感も変化する(p.9)。

解凍方法 室温 冷蔵庫 凍ったまま調理

活用メモ
卵黄のねっとりとした食感をいかして、サラダや和え麺に(レシピ→p.16)!

ほぐして冷凍　[生]

保存期間 2〜3週間

卵をよく溶きほぐし、冷凍用保存容器に入れて冷凍する。

解凍方法 室温 冷蔵庫

活用メモ
揚げ物や卵とじのほか、少量使うピカタや揚げ物の衣にも手軽に使えます!

炒り卵にして冷凍　[加熱]

保存期間 3〜4週間

炒り卵を作り、冷めたら使いやすい分量に小分けしてラップでぴっちり包み、冷凍用保存袋に入れて冷凍。

解凍方法 室温 冷蔵庫 電子レンジ

活用メモ
混ぜご飯や三色丼に!

薄焼き卵にして冷凍　[加熱]

保存期間 3〜4週間

薄焼き卵を作り、冷めたら間にラップをはさみながら重ねる。一番上にラップをかぶせて冷凍用保存袋に入れ、冷凍する。

解凍方法 室温 冷蔵庫 電子レンジ

活用メモ
錦糸卵やオムライスなどに!

牛乳

冷蔵

開封後保存期間 2〜3日

パックのまま保存
10℃以下で冷蔵保存。

冷凍

MEMO
分離するため、そのままの冷凍はおすすめしません。

ソースにして冷凍 | 調理

保存期間 3〜4週間

1. バターで小麦粉を炒め、牛乳でのばして煮てホワイトソースを作る。

2. 冷めたら冷凍用保存袋に薄く平らに入れて冷凍する。

解凍方法

室温　冷蔵庫　電子レンジ

活用メモ
好みの具にかけてチーズをふってグラタンに！

ヨーグルト

冷蔵

開封後保存期間 2〜3日

パックのまま保存
冷蔵室かチルド室で保存する。

冷凍

そのまま冷凍（加糖タイプ） | そのまま

保存期間 2〜3週間

カップ入りの加糖タイプのものは容器ごと冷凍する。

解凍方法

凍ったまま食べる

MEMO フルーツと一緒にフローズンヨーグルトに
冷凍したフルーツと一緒に、凍ったままミキサーにかければ、簡単にフローズンヨーグルトが出来上がります。

ジャムを加えて冷凍 | そのまま

保存期間 2〜3週間

プレーンヨーグルトはそのままでは分離するため冷凍に向かない。ジャムを混ぜれば冷凍可能。よく混ぜて冷凍用保存容器に入れ、冷凍する。

解凍方法

冷蔵庫

MEMO 製氷皿で一口デザートに
冷凍する際製氷皿に入れて凍らせてもよいでしょう。キューブ状に固まるので、つまんで食べられる手軽な冷たいデザートになります。固まったら冷凍用保存袋に移し替えて保存します。

PART 3 素材別冷蔵・冷凍法　卵・乳・加工品

卵・牛乳・ヨーグルト

チーズ

冷蔵

開封後保存期間 1週間

種類によって違う冷蔵方法

冷蔵室で保存。かたまりのチーズは開封したら切り口にアルミ箔をあててラップでぴっちり包み、密閉容器で保存する。ラップは3〜4日おきに取り替える。ピザ用チーズは袋の口をしっかりと閉じて冷蔵室で保存し、開封後はできるだけ早く使いきる。冷凍してもほとんど状態が変わらないため、使いきれない分は冷凍するのがおすすめ。プロセスチーズは保存袋に入れて2週間ほどもつ。

冷凍

そのまま冷凍 | そのまま

ピザ用チーズ

凍ったまま使えて便利!

保存期間 3〜4週間

チーズを冷凍用保存袋に薄く平らに入れ、冷凍する。商品の袋のままほぐして冷凍し、開封してから冷凍用保存袋に移してもよい。

解凍方法 冷蔵庫 凍ったまま調理

スライスチーズ

フィルム包装のまま冷凍用保存袋に入れて冷凍する。

解凍方法 冷蔵庫 凍ったまま調理

> **MEMO**
> **冷凍に向かないチーズ**
> モッツァレラチーズは、冷凍するとスが入るので開封後は冷蔵し、翌日には食べきります。粉チーズも冷凍をすると固まりやすくなります。保存は冷蔵庫で1か月ほど。

カットして冷凍 | そのまま

クリームチーズ

加熱調理に使うことを前提に冷凍可能。使いやすい大きさに切り分けて1切れずつラップでぴっちり包み、冷凍用保存袋に入れて冷凍。

保存期間 1か月

解凍方法 室温 冷蔵庫

プロセスチーズ

使いやすい大きさに切り分け、ラップでぴっちり包み、冷凍用保存袋に入れて冷凍する。

解凍方法 冷蔵庫 凍ったまま調理

カマンベールチーズ

カットして切り口にアルミ箔をあて、ラップでぴっちり包み、冷凍用保存袋に入れて冷凍。

解凍方法 室温 冷蔵庫

バター、マーガリン

冷蔵

開封後保存期間 2週間～1か月

密閉容器で保存

バター、マーガリンとも、銀紙包装のものはそのまま密閉容器に入れて冷蔵する。使いかけのバターは2週間、マーガリンは1か月を目安に使いきる。

冷凍

カットして冷凍 | そのまま

保存期間 1か月

10ｇ、50ｇ、100ｇなど、使いやすい分量ずつに切り分け、アルミ箔でぴっちり包む。冷凍用保存袋に入れて冷凍する。

解凍方法
 冷蔵庫　 凍ったまま調理

MEMO 変わりバターを作っても

やわらかくしたバターに、刻んだハーブやレーズン、ナッツ、にんにくなどを混ぜて、ラップで棒状にして冷凍します。半解凍で切って使いましょう。

生クリーム

冷蔵

開封後保存期間 2日

においの強いものから離して冷蔵

におい移りしやすいので、においの強いものから離して冷蔵室で保存する。開封後は口をしっかり閉じて、翌日には使いきる。開閉の振動によって固まることがあるので、ドアポケットに置くのは避ける。

冷凍

解凍したときに分離するのでそのままの冷凍はおすすめしません。

泡立てて冷凍 | そのまま

保存期間 2～3週間

絞って冷凍

六～七分立てにして絞り袋に入れ、ラップを敷いたトレーに絞り出すか、スプーンですくって落とし、ふんわりラップをかけて冷凍する。凍ったら冷凍用保存容器に入れる。

解凍方法
 冷蔵庫　 凍ったまま調理

活用メモ
シチューやパスタソースに加えたり、コーヒーに入れるなどの使い方を。

ビスケットにサンドして冷凍

ホイップした生クリームをビスケットではさみ、1個ずつラップでぴっちり包んで冷凍用保存袋に入れて冷凍する。

解凍方法
 凍ったまま食べる

MEMO 冷凍生クリームは料理や飲み物に

冷凍した生クリームは、ホイップしていても分離しやすいので、お菓子作りにはおすすめしません。

ハム、ベーコン

冷蔵

開封後保存期間 3〜4日

ラップで包む
冷蔵室かチルド室で保存する。開封後はラップでぴっちり包んで保存袋に入れて保存。

冷凍

1枚ずつ冷凍 | そのまま

保存期間 3〜4週間

ハムやベーコンのスライスは1枚ずつラップでぴっちり包み、冷凍用保存袋に入れて冷凍する。かたまりはカットしてから同様に冷凍する。

解凍方法
室温　冷蔵庫　凍ったまま調理

活用メモ
チャーハン、炒め物などに！

刻んで冷凍 | そのまま

保存期間 3〜4週間

細かく刻み、使いやすい分量に小分けしてラップでぴっちり包み、冷凍用保存袋に入れて冷凍する。

解凍方法
室温　冷蔵庫　凍ったまま調理

活用メモ
炒め物やスープにそのまま使える！

活用RECIPE

セロリとベーコンのトマトパスタ

材料（2人分）
冷凍ベーコン…1枚：解凍する
冷凍トマトソース（p.90）…1カップ：解凍する
セロリ（斜め薄切りにしたもの）…½本分
※セロリは冷凍でもよい。その場合凍ったまま使う。
ゆでスパゲッティ…400g（乾麺の場合160g）

1 ベーコンを短冊切りにする。
2 フライパンを熱して1を炒め、脂が出てきたらセロリを加えてさっと炒める。
3 2の全体に油が回ったらトマトソースを加え、スパゲッティを合わせる。

野菜を巻いて冷凍 | 半調理

保存期間 3〜4週間

ベーコンでさやいんげん、にんじん、えのきたけ、アスパラガスなどを巻き、冷凍用保存袋に重ならないように入れ、冷凍する。

解凍方法
冷蔵庫　凍ったまま調理

活用メモ
そのまま焼いて。お弁当に入れても。

ソーセージ

冷蔵

開封後保存期間 3〜4日

ラップで包む
冷蔵室かチルド室で保存する。開封後はラップでぴっちり包んで保存袋に入れて保存する。

冷凍

切り込みを入れて冷凍 そのまま

ななめに数か所入れて冷凍

保存期間 3〜4週間

加熱時に破裂しないように切り込みを入れる。冷凍用保存袋に重ならないように入れ、冷凍する。

解凍方法 室温 冷蔵庫 凍ったまま調理

かにソーセージは太さを半分に切り（c）、点線のように切り込みを入れる（d）。冷凍用保存袋に入れて冷凍する。

解凍方法 室温 冷蔵庫 凍ったまま調理

たこ・かにソーセージにして冷凍

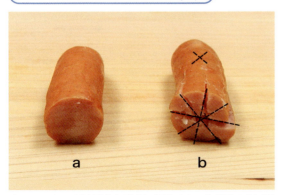

たこソーセージは長さを半分に切り（a）、点線のように切り込みを入れる（b）。

お弁当作りがラクチンに！

活用メモ
フライパンで焼くと切り込みを入れたところが開いてたこやかにに。包丁で細かい細工をする手間が省けるので、忙しい朝に重宝します。

干物 （あじ、ほっけ、ししゃも）

冷蔵

保存方法

 ラップで包む ＋ 保存袋に入れる

保存期間 2〜3日

ラップで包んで保存

ラップでぴっちり包み、保存袋に入れ、冷蔵室か特別低温室で保存する。

冷凍

一尾ずつ冷凍 〔そのまま〕

保存期間 2〜3週間

1 干物を一尾ずつラップでぴっちり包む。

2 冷凍用保存袋に入れて冷凍する。

解凍方法 冷蔵庫

活用メモ
そのまま焼いて。

焼いて冷凍 〔加熱〕

保存期間 3〜4週間

丸のまま冷凍

干物を焼いて冷まし、一尾ずつ、ししゃもは使いやすい分量に小分けしてラップでぴっちり包み、冷凍用保存袋に入れて冷凍する。

解凍方法 室温

活用メモ
温めてそのまま。ほぐして炒め物、和え物、混ぜごはんに！

ほぐして冷凍

干物を焼いて頭、骨、皮を除いてほぐす。冷めたら小分けしてラップでぴっちり包み、冷凍用保存袋に入れて冷凍する。

解凍方法 室温

活用メモ
混ぜご飯や和え物に！

しらす

冷蔵

保存方法

保存期間 **2〜3日**

 保存袋に入れる

保存袋に入れて冷蔵室か特別低温室で保存する。

冷凍

小分けして冷凍 | そのまま

保存期間 **3〜4週間**

使いやすい分量に小分けしてラップでぴっちり包み、冷凍用保存袋に入れて冷凍する。

解凍方法 冷蔵庫 / 凍ったまま調理

ちりめんじゃこ

冷蔵

保存方法

保存期間 **1週間**

 保存袋に入れる

保存袋に入れて冷蔵室か特別低温室で保存する。

冷凍

保存袋に入れて冷凍 | そのまま

保存期間 **2〜3週間**

冷凍用保存袋に薄く平らに入れ、冷凍する。

解凍方法 凍ったまま食べる

（かちかちには凍らないので必要な分だけ取り出して使う）

うなぎ、あなご

冷蔵

パックのまま保存

保存期間 **2日**

パックごと冷蔵室で保存する。

冷凍

竹串を抜いて冷凍 | そのまま

保存期間 **3〜4週間**

竹串を抜き、ラップでぴっちり包んで冷凍用保存袋に入れて冷凍する。真空パックのものはそのまま冷凍可。かば焼きのたれも冷凍できる。

解凍方法 冷蔵庫 / 電子レンジ / 凍ったまま調理

スモークサーモン

冷蔵

保存方法

保存期間 **1〜2日**

ラップで包む

開封後はラップでぴっちり包んで冷蔵室で保存。

冷凍

1枚ずつ冷凍 | そのまま

保存期間 **3〜4週間**

1枚ずつラップでぴっちり包み、冷凍用保存袋に入れて冷凍する。

解凍方法 冷蔵庫 / 流水

PART 3 素材別冷蔵・冷凍法 卵・乳・加工品

干物・しらす・ちりめんじゃこ・うなぎ、あなご・スモークサーモン

(魚卵) いくら

冷蔵

パーシャル室で保存

保存期間 **1週間**

パックのままパーシャル室で保存する。

冷凍

保存期間 **2〜3週間**

小分けして冷凍 | そのまま

いくらをアルミカップに小分けし、トレーにのせてラップをかけ、冷凍する。凍ったら冷凍用保存袋に移して冷凍する。つけ汁がある場合はつけ汁ごと入れる。

解凍方法
冷蔵庫

活用メモ
そのままや和え物に。

(魚卵) かずのこ

冷蔵

保存期間 **1週間**

冷蔵室か特別低温室で保存

パックのまま冷蔵室か特別低温室で保存する。味つけかずのこの日持ちは1週間ほど。塩かずのこは1か月ほどもつ。

冷凍

保存期間 **2〜3週間**

ばら冷凍する | そのまま

かずのこはばら冷凍（→p.64）する。漬け汁がある場合は汁ごと冷凍用保存袋か保存容器に入れて冷凍する。

解凍方法
室温　冷蔵庫　流水

活用メモ
そのままや和え物に。塩かずのこは解凍してから塩抜きを。

(魚卵) たらこ・明太子・筋子

冷蔵

保存期間 **1週間**

冷蔵室か特別低温室で保存

パックのまま冷蔵室か特別低温室で保存する。

冷凍

保存期間 **2〜3週間**

ひとはらずつ冷凍 | そのまま

ひとはらずつラップでぴっちり包み、冷凍用保存袋に入れて冷凍する。筋子はさらにアルミ箔で二重に包んで冷凍する。

解凍方法
室温　冷蔵庫

活用メモ
炒め物や和え物に。

> **MEMO**
> **カットは凍ったまま**
> たらこや明太子、筋子は、凍ったまま切りましょう。完全に解凍するよりも扱いやすく、きれいに切れます。

ペースト状にして冷凍 | そのまま

たらこ、明太子の中身をしごき出してペースト状にし、使いやすい分量に小分けしてラップでぴっちり包み、冷凍用保存袋に入れて冷凍する。

解凍方法
室温　冷蔵庫

活用メモ
パスタソースやタラモサラダにすぐに使えて便利です！

練り製品 （ちくわ、さつま揚げ、かまぼこ、なると）

冷蔵

（保存方法）

開封後保存期間 3〜4日

ラップで包む

ラップで包む
開封したものはラップでぴっちり包むか密閉容器に入れて、冷蔵室かチルド室で保存する。

冷凍

（ちくわ）

1本ずつ冷凍 ｜そのまま

保存期間 3〜4週間

1本ずつラップで包み、冷凍用保存袋に入れて冷凍する。細切りや輪切りなどに切ってもよい。

（解凍方法） 冷蔵庫   電子レンジ

（活用メモ）
揚げ物や炒め物に！

> **MEMO**
> **冷凍で食感が変わることも**
> ちくわ、さつま揚げ、かまぼこ、なるとなどの練り製品は、冷凍すると食感が変わることがあります。加熱調理することを前提に冷凍しましょう。

活用RECIPE
ちくわとにんじんの磯辺かき揚げ

材料（2人分）
冷凍ちくわ（せん切りにしたもの）…1本分：解凍する
冷凍にんじん（せん切りにしたもの）
　…½本分：室温または電子レンジで解凍する
小麦粉…大さじ½
衣（小麦粉大さじ3、水大さじ3、青のり少々、塩少々）
揚げ油…適量
粗塩…少々

1 ちくわとにんじんをボウルに入れ、小麦粉をふって全体にまぶす。
2 衣の材料を混ぜて1を加え、さっくりと混ぜる。
3 揚げ油を中温に熱し、木べらに2を大さじ1強程度のせて広げ、すべらせて揚げ油に入れる。返しながらからりと揚げる。器に盛り、粗塩を添える。

（さつま揚げ）

1枚ずつ包んで冷凍 ｜そのまま

保存期間 3〜4週間

表面の油をキッチンペーパーでふき取り、1枚ずつラップでぴっちり包む。冷凍用保存袋に入れて冷凍する。

（解凍方法） 冷蔵庫   電子レンジ

（活用メモ）
煮物や炒め物、かき揚げなどの揚げ物に！

PART 3 素材別冷蔵・冷凍法　卵・乳・加工品

いくら・かずのこ・たらこ・明太子・筋子・練り製品

かまぼこ・なると

カットして冷凍 | そのまま

保存期間 3〜4週間

1

かまぼこやなるとを薄く切る。

2

使いやすい分量に小分けしてラップでぴっちり包み、冷凍用保存袋に入れて冷凍する。

解凍方法
冷蔵庫　凍ったまま調理

活用メモ
煮物や炒め物、かき揚げなどの揚げ物に！

MEMO かまぼこは必ず切って冷凍を
冷凍するとスが入った状態になり、食感も変わります。できるだけ薄く、または細かく切ってから冷凍しましょう。

煮て冷凍 | 加熱

保存期間 3〜4週間

1

かまぼこやなるとを使いやすい大きさに切り、しょうゆ、酒、砂糖などで甘辛く煮る。

2

使いやすい分量に小分けしてラップでぴっちり包み、冷凍用保存袋に入れて冷凍する。

解凍方法
電子レンジ

活用メモ
ごはんのおかずに！

MEMO すし飯に混ぜて冷凍しても

甘辛く煮たかまぼこやなるとは、すし飯に混ぜて冷凍しても。食べやすい分量ずつ小分けにしてラップでぴっちり包み、冷凍用保存袋に入れて冷凍します。食べるときは電子レンジで解凍を。

すり身

冷蔵

（保存方法）

開封後保存期間 2～3日

ラップで包む

すり身の水気をキッチンペーパーでふき取り、ラップでぴっちり包んで冷蔵室か特別低温室で保存する。

冷凍

そのまま冷凍 | そのまま

保存期間 2～3週間

冷凍用保存袋に薄く平らに入れ、使いやすい分量のところにスジ目をつけて冷凍する。

（解凍方法）

冷蔵庫　流水

（活用メモ）
団子にしてゆでたり、蒸したり、揚げても。

蒸して冷凍 | 加熱

保存期間 3～4週間

すり身を巻きすで巻いて成形してから蒸し、冷めたらラップでぴっちり包んで冷凍用保存袋に入れて冷凍する。食べやすい大きさに切り、1切れずつラップで包んでから冷凍してもよい。

（解凍方法）

冷蔵庫　電子レンジ

（活用メモ）
丸めて煮物や鍋物に！

だんごにして冷凍 | 加熱

保存期間 3～4週間

だんご状に丸め、ゆでるか油で揚げ、冷ましてからばら冷凍（→p.64）する。

（解凍方法）

冷蔵庫　電子レンジ

（活用メモ）
煮物や鍋物に！

つみれ

冷蔵

（保存方法）

開封後保存期間 2～3日

ラップで包む

開封したものはラップでぴっちり包むか、密閉容器に入れて冷蔵室かチルド室で保存する。

冷凍

1個ずつ冷凍 | そのまま

保存期間 2～3週間

つみれの水気をよくふき取り、ばら冷凍（→p.64）する。

（解凍方法）

冷蔵庫　凍ったまま調理

（活用メモ）
煮物や鍋物に！

はんぺん

冷蔵

（保存方法）

開封後保存期間 1～2日

ラップで包む

開封したものはラップでぴっちり包むか、密閉容器に入れて冷蔵室かチルド室で保存する。

冷凍

1枚ずつ冷凍 | そのまま

保存期間 3～4週間

食感が変わることがあるので、加熱調理に使うことを前提に冷凍。開封したものは1枚ずつラップでぴっちり包み、未開封なら袋のまま、冷凍用保存袋に入れて冷凍する。

（解凍方法）

冷蔵庫　凍ったまま調理

（活用メモ）
煮物や鍋物に！

豆腐

冷蔵

保存方法 水につけて保存

開封後保存期間 **1〜2日**

開封後は密閉容器に移し、かぶるくらいに水をはって冷蔵室かチルド室で保存。水は毎日とりかえる。

冷凍

パックごと冷凍 | そのまま

保存期間 **2〜3週間**

未開封のものはパックごと冷凍可能。そのまま冷凍用保存袋に入れて、冷凍する。

解凍方法 冷蔵庫

活用メモ
水気をよく絞って炒り豆腐に（レシピ→p.159）。

カットして冷凍 | 生

保存期間 **2〜3週間**

豆腐を使いやすい大きさに切ってばら冷凍（→p.64）する。

解凍方法   室温 冷蔵庫

活用メモ
よく水気を絞ってグラタンやチャンプルーに（レシピ→p.12）。煮物や鍋、味をしみ込ませて衣をつけて、フライにしても！

白和え衣にして冷凍 | 半調理

1

保存期間 **2〜3週間**

すり鉢に白ごま大さじ3〜4を入れてペースト状になるまですり、砂糖大さじ1、しょうゆ・酒各小さじ2を加えて混ぜる。水きりした豆腐1丁を加えてすり混ぜる。

2

冷凍用保存袋に薄く平らに入れ、使いやすい分量のところにスジ目をつけて冷凍する。

解凍方法   室温 冷蔵庫

活用メモ
冷蔵庫にある野菜を白和えに（レシピ→p.159）！

> 豆腐は木綿、絹ごし、どちらでもお好みでOKです。

活用RECIPE

アスパラガスの白和え

材料(2人分)
アスパラガス(ゆでたもの)…100g
※アスパラガスは冷凍でもよい。その場合解凍して水気を絞る。
白和え衣…1/4丁分:解凍する

1. アスパラガスは食べやすい大きさに切り、水気をふき取る。
2. 白和え衣はキッチンペーパーにのせて水気を取る。
3. **1**と**2**を混ぜ合わせる。

厚揚げ

冷蔵

開封後保存期間 1~2日

冷蔵室かチルド室で保存
パックのまま冷蔵室かチルド室で保存する。

冷凍

カットして冷凍　生

保存期間 2~3週間

1. 厚揚げを使いやすい大きさに切る。

2. 冷凍用保存袋に重ならないように入れ、冷凍する。

解凍方法 冷蔵庫 電子レンジ

活用メモ
ごま油で両面を焼き、野菜やひき肉入りのあんかけをかければボリュームの一品に!

冷凍作りおきおかずRECIPE

炒り豆腐

保存期間 2~3週間

材料(2人分)
豆腐…1丁:水きりする
好みの野菜
(にんじん、干ししいたけ、さやいんげんなど)
　…適量:せん切りにする
ごま油…小さじ2
めんつゆ(2倍濃縮)…小さじ2
ごま…少々

1. 野菜をごま油で炒め、めんつゆで調味する。
2. 豆腐をくずしながら加えて炒め合わせ、冷めたら冷凍用保存袋に薄く平らに入れ、冷凍する。

解凍方法 電子レンジ

がんもどきは1個ずつ冷凍
保存方法は基本的に厚揚げと同じです。冷凍する際は1個ずつラップでぴっちり包み、冷凍用保存袋に入れて冷凍しましょう。

油揚げ

冷蔵

開封後保存期間 1〜2日

チルド室で保存
パックのまま冷蔵室かチルド室で保存する。

冷凍

1枚ずつ冷凍　|そのまま|　保存期間 3〜4週間

1枚ずつラップでぴっちり包み、冷凍用保存袋に入れて冷凍する。

解凍方法
電子レンジ　凍ったまま調理

油抜きはしなくてもOK
油抜きをせずに冷凍してもOKです。気になる場合は解凍するときに、凍ったまま熱湯を回しかけましょう。

煮て冷凍　|加熱|　保存期間 3〜4週間

油揚げ4〜5枚は半分に切って袋状にし、鍋に並べる。だし1カップ、砂糖大さじ3弱、しょうゆ大さじ2強、塩ひとつまみを加え、落とし蓋をして汁気がなくなるまで中火で煮てそのまま冷ます。

解凍方法
室温　電子レンジ

活用メモ
いなりずしに、刻んで混ぜご飯の具に。

カットして冷凍　|そのまま|　保存期間 3〜4週間

油揚げを短冊切りにし、使いやすい分量に小分けしてラップでぴっちり包み、冷凍用保存袋に入れて冷凍する。

解凍方法
電子レンジ　凍ったまま調理

納豆

冷蔵

保存期間 2〜3日

冷蔵室で保存

パックのまま冷蔵室で保存する。開封後は早めに食べきる。

冷凍

パックごと冷凍 | そのまま

保存期間 3〜4週間

未開封のものをパックごと冷凍する。凍ったら冷凍用保存袋に入れる。

解凍方法 冷蔵庫

下味をつけて冷凍 | 下味

保存期間 3〜4か月

前夜に冷蔵室に移しておけば朝ごはんにすぐ出せる！

パックについているタレなどで納豆に味つけし、ラップにのせて薄く平らにしてぴっちり包む。冷凍用保存袋に入れて冷凍する。

解凍方法 冷蔵庫

おから

冷蔵

保存期間 1〜2日

保存方法 密閉容器に入れる

開封後は密閉容器に入れて冷蔵室で保存する。

冷凍

小分けして冷凍 | そのまま

保存期間 2〜3週間

使いやすい分量ずつ冷凍用保存袋に小分けし、薄く平らにして冷凍する。

解凍方法 室温 冷蔵庫

ゆば（生）

冷蔵

開封後保存期間 1日

冷蔵室で保存

パックのまま冷蔵し、賞味期限を目安に早めに食べきる。開封後は基本的に保存せず食べきる。

冷凍

小分けして冷凍 | そのまま

保存期間 3〜4週間

使いやすい大きさに切り分け、ラップでぴっちりと包んで冷凍用保存袋に入れ、冷凍する。

解凍方法 凍ったまま調理

活用メモ
凍ったまま煮汁に加え煮物に！

> **MEMO**
> 干しゆばは密閉容器に入れて冷暗所で保存。水で戻した場合水とともに密閉容器に入れて冷蔵室で保存。水を毎日とりかえ、2〜3日で食べきります。

PART 3 ・素材別冷蔵・冷凍法 卵・乳・加工品 油揚げ・納豆・おから・ゆば

ごはん

保温

保存方法：炊飯器で保温

保存期間：5時間

炊飯器で保温する場合は5時間程度が限度。冷蔵すると美味しさが損なわれるため、食べきれない分は冷凍するのがおすすめ。

冷凍

一膳分ずつ冷凍 | そのまま

保存期間：1～2か月

ごはんが温かいうちに1膳分ずつラップにのせ、薄く平らにしてぴっちり包み、冷凍用保存袋に入れて冷凍する。ごはん専用の冷凍用保存容器に入れてもよい。

解凍方法：電子レンジ

活用メモ：丼ものや混ぜごはんに！

> **MEMO 冷めたごはんは水をふって冷凍**
> ごはんは温かいうちに包むとラップ内にほどよく水分が残り、解凍したときにはさぱさしません。冷めてからラップで包んだごはんは、解凍するときに水か酒を少量ふると、パサつきが抑えられます。

> **MEMO すし飯も冷凍OK！**
> すし飯が温かいうちにラップでぴっちり包み、冷凍用保存袋に入れて冷凍します。

焼きおにぎりにして冷凍 | 調理

保存期間：1～2か月

1

おにぎりを握ってフッ素樹脂加工のフライパンで両面を焼き、しょうゆやみそをぬる。

2

冷めたら1個ずつラップでぴっちり包み、冷凍用保存袋に入れて冷凍する。

解凍方法： 電子レンジ

> **MEMO 赤飯やおこわもおにぎりに**
> 赤飯やおこわ、混ぜごはんが余ったときも、おにぎりにして冷凍しておくと食べやすくおすすめです。

もち

冷蔵

保存方法 ラップで包む

保存期間 1週間

パック包装されていないもちはラップでぴっちりと包み、冷蔵室で保存する。

冷凍

1個ずつ冷凍 | そのまま

保存期間 6か月

水気がついていたらしっかりふき取り、1個ずつラップでぴっちり包み、冷凍用保存袋に入れて冷凍する。つきたてのもちはもち粉をまぶしてばら冷凍（→p.64）する。解凍したら、焼く前にさっと水にくぐらせると、表面にひびが入りにくい。

解凍方法
 室温 冷蔵庫 電子レンジ 凍ったまま調理

あられ用にカットして冷凍 | そのまま

保存期間 約6か月

もちを小さく切り、風通しのよい場所で天日干しにして乾燥させ、ばら冷凍（→p.64）する。

解凍方法 凍ったまま調理

活用メモ
凍ったまま熱した揚げ油で揚げれば、できたてのあられが楽しめます！

米

常温・冷蔵

保存方法 密閉容器に入れる

保存期間 2～4週間

精米日からあまり日のたっていないものを購入し、密閉容器に入れ替え、早く消費する場合湿気を避けて冷暗所で保存する。長く保存する場合は冷蔵室で保存する。容器はペットボトルを使うと手軽。

炊き込みごはん等
（炊き込みごはん、チャーハン、ピラフ）

冷蔵

保存方法 ラップで包む

保存期間 2日

ラップをぴっちりかけて冷蔵室で保存し、電子レンジで加熱して食べる。

冷凍

1食分ずつ冷凍 | そのまま

保存期間 3～4週間

温かいうちに食べやすい分量ずつラップにのせ、薄く平らにしてぴっちり包み、冷凍用保存袋に入れて冷凍する。

解凍方法 電子レンジ

いなりずし

常温

保存方法 ラップで包む

保存期間 1～2日

冷蔵するとかたくなっておいしくなくなるので、ラップをぴっちりかけて冷暗所で保存し、できるだけ早めに食べる。暑い時期は基本的に保存せず食べきる。

冷凍

1個ずつ冷凍 | そのまま

保存期間 3～4週間

いなりずしを1個ずつラップでぴっちり包み、冷凍用保存袋に入れて冷凍する。

解凍方法 電子レンジ

MEMO 握りずしや巻きずしなど、生の食材を使ったすしは冷凍に向きません。

PART 3 素材別冷蔵・冷凍法 卵・乳・加工品

ごはん・もち・米・炊き込みご飯等・いなりずし

パン

常温

保存期間 1日

食べきれない分は冷凍を
袋の口をしっかり閉じて冷暗所で保存する。その日食べる分以外は、冷凍するのがおすすめ。

冷凍

カットして冷凍 | そのまま

保存期間 3～4週間

かたまりの食パンやバゲットなどは、食べやすい厚さに切り、冷凍用保存袋に入れて冷凍する。

解凍方法：室温 / 電子レンジ / 凍ったまま調理

MEMO
凍ったパンで手作りパン粉を
食パンを凍ったまますりおろすと、手軽に手作りパン粉が作れます。

クルトンにして冷凍 | 調理

保存期間 3～4週間

パンを角切りにし、多めのサラダ油で焦げ目がつくまで揚げ焼きにする。

解凍方法：室温 / 凍ったまま調理

活用メモ
サラダやスープのアクセントに！

MEMO
スライスされたパンはそのまま冷凍を
スライスしてあるパンは袋のまま冷凍用保存袋に入れて冷凍する。

パスタ (乾麺)

常温

(保存方法)

保存期間 2〜3か月

密閉容器に入れる

密閉容器に入れる
開封したものは密閉容器に入れ、冷暗所で保存する。

冷凍

ゆでて油を絡めて冷凍 | 加熱

1

保存期間 3〜4週間

パスタは塩を加えた熱湯で少しかためにゆでる。

2

湯をきり、オリーブ油を絡め、使いやすい分量に小分けしてラップでぴっちり包み、冷凍用保存袋に入れて冷凍する。

(解凍方法)
冷蔵庫　電子レンジ

(活用メモ)
お好みのパスタ料理に!

ソースを絡めて冷凍 | 調理

1

保存期間 3〜4週間

スパゲッティを塩を加えた熱湯で少しかためにゆで、お好みのパスタソースを絡める。

2

アルミカップに小分けにし、冷凍用保存袋に入れ、表面をラップで覆って冷凍する。

(解凍方法)
室温

(活用メモ)
お弁当に便利。

PART 3 素材別冷蔵・冷凍法 卵・乳・加工品 パン・パスタ

うどん、そば、中華麺（市販チルド、ゆで）

冷蔵

保存期間 賞味期限内

袋のまま保存袋に入れる

袋のまま保存袋に入れて冷蔵室かチルド室で保存する。乾燥のうどんやそばは、p.165のパスタと同様、密閉容器に入れて冷暗所で保存。

冷凍

袋のまま冷凍 | そのまま

保存期間 3〜4週間

うどんやそばなどのゆで麺、中華麺やラーメン、焼きそばなどの生麺や蒸し麺は、袋のまま冷凍する。

解凍方法 凍ったまま調理

活用メモ
温かい麺、冷たい麺どちらにも！

MEMO 個別包装されていない麺は

個別包装されていない生麺などは、1食分ずつラップでぴっちり包み、冷凍用保存袋に入れて冷凍します。

小分けして冷凍 | そのまま

保存期間 3〜4週間

1

ゆでた乾麺や生麺の水気をきる。

2

多くゆですぎた麺も冷凍保存！

1食分ずつラップでぴっちり包み、冷凍用保存袋に入れて冷凍する。

解凍方法 凍ったまま調理

活用メモ
温かい麺、冷たい麺どちらにも！

餃子の皮、春巻きの皮

冷蔵

保存期間 2週間

袋のまま保存袋に入れる
袋のまま保存袋に入れ、冷蔵室で保存する。

冷凍

ラップで包んで冷凍 | そのまま

保存期間 2～3週間

ラップと皮が交互になるように、ラップを蛇腹折りにしながら重ねる。冷凍用保存袋に入れて冷凍する。

解凍方法 冷蔵庫（完全に解凍してからラップを外す）

チーズを包んで冷凍 | 半調理

保存期間 3～4週間

餃子の皮または4等分に切った春巻きの皮にプロセスチーズをのせて包む。小分けにしてラップでぴっちり包み、冷凍用保存袋に入れて冷凍する。

解凍方法 凍ったまま調理

活用メモ
油で焼くか揚げて、お弁当の一品やおつまみに！

小麦粉、片栗粉

常温・冷蔵

保存方法 常温 ポリ袋に入れる　冷蔵 密閉容器に入れる

保存期間 半年

袋のまま保存袋に入れる
短期間なら常温で保存が可能。開封したら袋の口をしっかり閉じ、ポリ袋に入れて冷暗所で保存する。冷蔵する場合も袋の口をしっかり閉じ、密閉容器や保存袋に入れて冷蔵室で保存する。

冷凍

保存袋に入れて冷凍 | そのまま

保存期間 1年

袋の口をしっかり閉じ、冷凍用保存袋に入れて冷凍する。

解凍方法 凍ったまま調理

パン粉

冷蔵

保存方法 密閉容器に入れる　 保存袋に入れる

保存期間 1週間～半年

袋のまま保存袋に入れる
開封したら袋の口をしっかり閉じ、密閉容器や保存袋に入れて冷蔵室で保存する。生パン粉は1週間程度で使いきる。乾燥パン粉は半年ほどもつ。

冷凍

保存袋に入れて冷凍 | そのまま

保存期間 1年

袋の口をしっかり閉じ、冷凍用保存袋に入れて冷凍する。

解凍方法 凍ったまま調理

PART 3　素材別冷蔵・冷凍法　卵・乳・加工品

うどん、そば、中華麺・餃子の皮、春巻きの皮・小麦粉、片栗粉・パン粉

かんぴょう

常温・冷蔵

保存方法

開封後保存期間 **3か月**

 密閉容器に入れる

使いかけは密閉容器に入れて冷暗所または冷蔵室で保存する。

冷凍

保存期間 **2〜3週間**

水で戻して冷凍 | 半調理

かんぴょうを水で戻し、水気を軽く絞って使いやすい長さに切り、ばら冷凍（→p.64）する。煮物にして冷凍してもよい。その場合は小分けしてラップでぴっちり包み、冷凍用保存袋に入れて冷凍する。

解凍方法 室温

切り干し大根

常温・冷蔵

保存方法

開封後保存期間 **3か月**

密閉容器に入れる

使いかけは密閉容器に入れて冷暗所または冷蔵室で保存する。

冷凍

保存期間 **2〜3週間**

水で戻して冷凍 | 半調理

切り干し大根を水で戻し、水気を軽く絞って食べやすい長さに切る。冷凍用保存袋に薄く平らに入れて冷凍する。

解凍方法 凍ったまま調理

削り節

冷蔵

保存方法

開封後保存期間 **できるだけ早く**

 密閉容器に入れる

使いかけは密閉容器に入れて冷蔵室で保存する。

> **MEMO**
> **削り節は冷凍しないほうがベター**
> 削り節は冷凍できなくはありませんが、冷凍すると風味が落ちるのでおすすめしません。開封後は虫がつくのを防ぐため冷蔵室で保存し、早めに使いきります。

昆布

常温・冷蔵

保存方法

開封後保存期間 **3か月**

密閉容器に入れる

使いかけは密閉容器に入れて冷暗所または冷蔵室で保存する。

冷凍

保存期間 **約1年**

保存袋に入れて冷凍 | そのまま

昆布は軽くふいて汚れを取り、使いやすい大きさに切り、冷凍用保存袋に入れて冷凍する。

解凍方法 凍ったまま調理

煮干し

常温・冷蔵
【保存方法】
開封後保存期間 **3か月**

密閉容器に入れる
使いかけは密閉容器に入れて冷暗所または冷蔵室で保存する。

冷凍
保存期間 **2～3か月**

| 保存容器に入れて冷凍 | そのまま |

煮干しを冷凍用保存容器に入れて冷凍する。

【解凍方法】
凍ったまま調理

のり

冷蔵
開封後保存期間 **できるだけ早く**

のりは冷凍保存がおすすめ
保存袋に入れて密閉し、できるだけ早く使いきる。のりは湿気やすいため、冷蔵よりも冷凍での保存のほうが風味が保たれる。

冷凍
保存期間 **4～5か月**

| 保存袋に入れて冷凍 | そのまま |

のりは袋ごと冷凍用保存袋に入れて冷凍し、使うときに必要な枚数だけ取り出す。

【解凍方法】
火でさっと炙って使う。

ひじき

常温・冷蔵
【保存方法】
開封後保存期間 **3か月**

密閉容器に入れる
使いかけは密閉容器に入れて冷暗所または冷蔵室で保存する。

冷凍
保存期間 **2～3週間**

| 戻して冷凍 | 半調理 |

ひじきを水で戻し、水気をきって冷凍用保存袋に薄く平らに入れて冷凍する。

【解凍方法】
凍ったまま調理

冷凍作りおきおかずRECIPE

ひじきの煮物

開封後保存期間 **2～3週間**

材料（4人分）
芽ひじき…30g：水で戻す
サラダ油…小さじ2
にんじん…1/3本分：せん切りにする
油揚げ…1枚：油抜きして短冊切りにする
だし…1カップ
しょうゆ、みりん…各大さじ1
砂糖…小さじ2

1. ひじきの水気をきり、サラダ油を熱した鍋でさっと炒める。
2. にんじん、油揚げを加えてさらに炒め、全体に油が回ったらだし、しょうゆ、みりん、砂糖を加えて煮立てる。落しぶたをして火を弱め、15分ほど煮る。冷めたら使いやすい分量に小分けしてラップでぴっちり包み、冷凍用保存袋に入れて冷凍する。

【解凍方法】
室温　電子レンジ

麩（乾燥）

常温

開封後保存期間 できるだけ早く

開封したら冷凍
未開封のものは高温多湿を避けて保存する。開封した麩は常温や冷蔵室で保存するとしけるので、冷凍がおすすめ。

冷凍

乾燥麩

保存容器に入れて冷凍 | そのまま

保存期間 6か月

麩を袋から出し、冷凍用保存容器に入れて冷凍する。

解凍方法
凍ったまま調理

生麩

ラップで包んで冷凍 | 生

保存期間 3〜4週間

丸ごとラップでぴっちり包むか、使いやすい大きさに切ってばら冷凍（→p.64）する。

解凍方法
冷蔵庫

MEMO

生麩や麩まんじゅうも冷凍OK

生麩は開封したらラップでぴっちり包み、早めに食べきる。日持ちしないので、食べきれない分はすぐに冷凍するのがベター。冷凍保存期間は3〜4週間で、冷蔵庫解凍、凍ったまま調理がおすすめです。生麩であんを包んだ麩まんじゅうも、食べきれないときは新しいうちに冷凍しておきましょう。1個ずつラップでぴっちり包んで冷凍し、食べるときは室温解凍します。

干ししいたけ

冷蔵

保存方法

開封後保存期間 3か月

密閉容器に入れる

開封したら密閉容器へ
使いかけは密閉容器に入れて冷蔵室で保存する。

冷凍

水で戻して冷凍 | 半調理

保存期間 2〜3週間

干ししいたけを水で戻し、水気を軽く絞って冷凍用保存袋に重ならないように入れて冷凍する。

解凍方法
室温

MEMO

戻し汁ごと冷凍もOK

干ししいたけは戻し汁ごと冷凍しても。ふっくらと解凍することができます。

もずく（塩蔵）

冷蔵
保存方法
- 開封後保存期間：2週間
- 密閉容器に入れる

開封したら密閉容器へ
使いかけは密閉容器に入れて冷蔵室で保存する。

冷凍
小分けして冷凍 ｜ そのまま
保存期間：2〜3週間

もずくを塩抜きして水気をよくきり、使いやすい分量に小分けしてラップでぴっちり包み、冷凍用保存袋に入れて冷凍する。

解凍方法
冷蔵庫　凍ったまま調理

わかめ（塩蔵）

冷蔵
保存方法
- 開封後保存期間：1か月
- 密閉容器に入れる

開封したら密閉容器へ
開封したら袋ごと保存袋または密閉容器に入れ、冷蔵室で保存する。

冷凍
小分けして冷凍 ｜ 生
保存期間：2〜3か月

わかめを使いやすい量に小分けしてラップでぴっちりと包み、冷凍用保存袋に入れて冷凍。

解凍方法
水につけて解凍（水の中でふり洗いして塩を落として使う）

ごま

常温
保存方法
- 開封後保存期間：1か月
- 密閉容器に入れる

開封したら密閉容器へ
使いかけは密閉容器に入れて冷暗所で保存する。

冷凍
そのまま冷凍 ｜ そのまま
保存期間：2〜3か月

ごまを袋から出し、冷凍用保存容器に入れて冷凍する。すって冷凍してもよい。

解凍方法
室温　凍ったまま調理（すりごま）

ナッツ類（アーモンド、カシューナッツ、くるみ等）

常温
保存方法
- 開封後保存期間：1か月
- 密閉容器に入れる

密閉容器に入れる
使いかけは密閉容器に入れて冷暗所で保存する。

冷凍
そのまま冷凍 ｜ そのまま
保存期間：2〜3か月

ナッツを袋から出し、冷凍用保存容器に移して冷凍する。刻んで冷凍してもよい。

解凍方法
室温　凍ったまま調理（刻んだナッツ）

活用メモ
使うときは軽く炒って、そのまま食べたり料理に！

調味料

砂糖・塩
常温 — 開封後保存期間：なし

開封後は密閉容器に移し、温度や湿度の変化がない場所で保存する。

しょうゆ
常温・冷蔵 — 開封後保存期間：1か月

開封後は冷暗所で保存する。減塩しょうゆは冷蔵を。

酢
常温・冷蔵 — 保存期間：半年～1年

開封後は冷暗所で半年、冷蔵室で1年が保存の目安。

みそ
冷蔵 — 開封後保存期間：みそにより異なる

空気にふれるとかたくなるので、開封後は密閉容器に入れて冷蔵する。みその種類により保存期間が異なるので商品の説明に従う。冷凍してもカチカチにならない。また、品質も保ちやすい。

みりん・みりん風調味料
常温・冷蔵 — 開封後保存期間：3週間～3か月

みりんは冷暗所で保存し、3か月を目安に使いきる。みりん風調味料は冷蔵保存し、3週間を目安に使いきる。

酒（料理酒）
常温 — 開封後保存期間：2か月

冷暗所で保存する。

マヨネーズ
冷蔵 — 開封後保存期間：1か月

開封後は冷蔵する。

ソース
冷蔵 — 開封後保存期間：1～2か月

開封後は冷蔵する。ウスターソースは1か月、中濃・とんかつソースは2か月を目安に使いきる。

オイスターソース
冷蔵 — 開封後保存期間：2か月

開封後は冷蔵する。

豆板醤
冷蔵 — 開封後保存期間：1年

開封後は冷蔵する。水分が浮いてきたら、かき混ぜてから使う。

カレー粉・カレールウ
常温・冷蔵 — 開封後保存期間：3か月

カレー粉は、開封後は缶入りのものはしっかりふたをし、袋入りのものは密閉容器に移して、冷暗所または冷蔵室で保存する。ルウは密閉容器に入れて冷蔵する。

トマトケチャップ
冷蔵 — 開封後保存期間：1か月

開封後は冷蔵する。

トマトピューレ
冷蔵 — 開封後保存期間：2～3日

開封後は密閉容器に移し替えて冷蔵室で保存する。

アンチョビ
冷蔵 — 開封後保存期間：1か月

開封後は密閉容器に移し替えて冷蔵室で保存する。

だしの素

常温
保存方法

開封後保存期間 **1か月**

密閉容器に入れる

開封したら密閉容器へ
だしの素やスープの素は、開封したら密閉容器に入れ、冷暗所で保存する。

> **MEMO**
> **液体は製氷皿で冷凍**
> 液体のだしやスープは、当日使うなら冷蔵OK。保存する場合は製氷皿に入れて冷凍し、凍ったら冷凍用保存袋や保存容器に入れて保存を。3～4週間で使いきり、使うときは冷蔵庫解凍か凍ったまま調理を。

トマトソース、ミートソース、ホワイトソース

冷蔵
保存方法

開封後保存期間 **早めに**

密閉容器に入れる

開封したら密閉容器へ
開封後は密閉容器に移し替え、冷蔵室で保存する。

冷凍

保存袋に入れて冷凍 | そのまま
保存期間 **3～4週間**

ソースを冷凍用保存袋に薄く平らに入れ、冷凍する。手作りのものの場合も同様。

解凍方法

室温　冷蔵庫　電子レンジ

（缶詰）トマトの水煮

冷蔵
保存方法

開封後保存期間 **2日**

密閉容器に入れる

開封後は密閉容器へ
開封後は密閉容器に移し替え、冷蔵室で保存する。

冷凍

保存袋に入れて冷凍 | そのまま
保存期間 **3～4週間**

トマトの水煮を冷凍用保存袋に薄く平らに入れるか、冷凍用保存容器に入れて冷凍する。

解凍方法

冷蔵庫　電子レンジ　凍ったまま調理

（缶詰）ツナ

冷蔵
保存方法

開封後保存期間 **2日**

密閉容器に入れる

開封後は密閉容器へ
開封後は密閉容器に移し替え、冷蔵室で保存する。

冷凍

小分けして冷凍 | そのまま
保存期間 **3～4週間**

使いやすい分量に小分けしてラップでぴっちり包み、冷凍用保存袋に入れて冷凍する。

解凍方法

室温　冷蔵庫　電子レンジ

飲み物 （茶葉、豆、粉末）

緑茶・麦茶・紅茶・ウーロン茶

常温・冷蔵

(保存方法)

開封後保存期間 **10日～1か月**

密閉容器に入れる

開封後は密閉容器へ
開封後は密閉容器に移し替え、冷暗所または冷蔵室で保存する。保存期間の目安は冷暗所の場合10日ほど、冷蔵室の場合1か月ほど。

冷凍

未開封のものを冷凍 そのまま

保存期間 **6か月**

使うたびに冷凍室から出し入れするとしけりやすいので、長期保存用として未開封のものを袋ごと冷凍用保存袋や保存容器に入れて冷凍する。

(解凍方法)

室温

抹茶

冷蔵

(保存方法)

開封後保存期間 **2週間**

密閉容器に入れる

開封後は密閉容器へ
開封後は密閉容器に移し替え、冷暗所または冷蔵室で保存する。香りが飛んだら飲用ではなく料理やお菓子作りに使うのがおすすめ。

冷凍

未開封のものを冷凍 そのまま

保存期間 **6か月**

使うたびに冷凍室から出し入れするとしけりやすいので、冷凍する場合は長期保存用として未開封のものを袋ごと冷凍用保存袋や保存容器に入れて冷凍する。

(解凍方法)

室温

コーヒー

冷蔵

(保存方法)

開封後保存期間 **3週間～2か月**

密閉容器に入れる

開封後は密閉容器へ
開封後は密閉容器に移し替え、冷蔵室で保存する。保存期間の目安は豆の場合2か月、ひいたものは3週間ほど。

冷凍

未開封のものを冷凍 そのまま

保存期間 **6か月**

におい移りしやすいので、未開封のものを袋ごと冷凍用保存袋に入れて冷凍する。

(解凍方法)

室温　凍ったまま使う

ココア

常温・冷蔵

(保存方法)

開封後保存期間 **3か月**

密閉容器に入れる

開封後は密閉容器へ
開封後は密閉容器に移し替え、冷暗所（暑い時期は冷蔵室）で保存する。

MEMO

日本酒やワインは開栓後は冷蔵

未開栓の日本酒は冷暗所で保存（商品に要冷蔵の記載があれば冷蔵室で保存）。ワインはねかせて温度変化がない場所で保存します。開栓したら、日本酒は冷蔵室で保存。ワインは飲みきるのが基本です。

ケーキ

冷蔵

(保存方法)

ラップで包む　保存袋に入れる

保存期間 1〜3日

ラップで包む
ラップで包み、保存袋に入れて冷蔵室で保存。生菓子はその日のうちに食べきる。

冷凍

スポンジケーキ

丸ごと冷凍 | そのまま

保存期間 3〜4週間

スポンジケーキを丸ごとラップでぴっちり包み、冷凍用保存袋に入れて冷凍する。

(解凍方法)

室温

チーズケーキ

丸ごと冷凍 | そのまま

保存期間 3〜4週間

チーズケーキをラップでぴっちり包み、冷凍用保存袋に入れて冷凍する。

(解凍方法)

室温

パウンドケーキ

1切れずつ冷凍 | そのまま

保存期間 3〜4週間

パウンドケーキを食べやすい厚さに切り、1切れずつラップでぴっちり包み、冷凍用保存袋に入れて冷凍する。

(解凍方法)

室温

> **MEMO 冷凍NGケーキとOKケーキ**
> スフレチーズケーキは食感が変わるので冷凍に向きません。シュークリームはカスタードクリーム入りはNGですが、生クリームだけのものは冷凍可能です。

パイ

冷蔵

(保存方法)

ラップで包む　保存袋に入れる

保存期間 2〜3日

ラップで包む
ラップで包み、保存袋に入れて冷蔵室で保存。

冷凍

丸ごとまたはカットして冷凍 | そのまま

保存期間 3〜4週間

パイを丸ごと（またはカットして1切れずつ）ラップでぴっちり包み、冷凍用保存袋に入れて冷凍する。

(解凍方法)

室温　電子レンジ

> **MEMO 冷凍に向かないパイ**
> 生クリームやカスタードクリームを使った生パイ、クリームチーズパイは、冷凍に向きません。

タルト

冷蔵

(保存方法)

ラップで包む　保存袋に入れる

保存期間 2〜3日

ラップで包む
ラップで包み、保存袋に入れて冷蔵室で保存。

冷凍

丸ごとまたはカットして冷凍 | そのまま

保存期間 3〜4週間

タルトを丸ごと（またはカットして1切れずつ）ラップでぴっちり包み、冷凍用保存袋に入れて冷凍する。

(解凍方法)

室温

スコーン

冷蔵
保存方法

ラップで包む　保存袋に入れる

保存期間 2〜3日

ラップで包む
ラップでぴっちり包み、保存袋に入れて冷蔵室で保存する。

冷凍

1個ずつ冷凍 | そのまま

保存期間 3〜4週間

1個ずつラップでぴっちり包み、冷凍用保存袋に入れて冷凍する。

解凍方法
室温　電子レンジ

ホットケーキ

冷蔵
保存方法

ラップで包む　保存袋に入れる

保存期間 2〜3日

ラップで包む
ラップでぴっちり包み、保存袋に入れて冷蔵室で保存する。

冷凍

1枚ずつ冷凍 | そのまま

保存期間 3〜4週間

冷ましてから1枚ずつラップでぴっちり包み、冷凍用保存袋に入れて冷凍する。

解凍方法
室温　電子レンジ

クッキー、せんべい

常温・冷蔵
保存方法

保存袋に入れる

保存期間 2〜3日

食べきれない分は早めに冷凍を
短期間なら常温・冷蔵で保存が可能。しけらないように乾燥材を入れてしっかり密閉し、高温多湿を避け、とくにクッキーはにおいの強い食品と離して保存する。

冷凍

保存袋に入れて冷凍 | そのまま

保存期間 1か月

個別包装されたものはそのまま冷凍用保存袋に入れて冷凍する。それ以外は冷凍用保存袋に重ならないように入れ、冷凍する。

解凍方法
室温

クレープ

冷蔵
保存方法

ラップで包む　保存袋に入れる

保存期間 2〜3日

ラップで包む
ラップでぴっちり包み、保存袋に入れて冷蔵室で保存する。

冷凍

小分けして冷凍 | そのまま

保存期間 3〜4週間

1回に食べる分を重ね、折らずにラップでぴっちり包み、冷凍用保存袋に入れて冷凍する。

解凍方法
室温

和菓子

常温

(保存方法)

保存期間 **1～3日**

密閉容器に入れる

食べきれない分は早めに冷凍を
短期間なら密閉容器に入れて常温で保存が可能。あんこを使った菓子や生菓子は翌日には食べきる。冷蔵するとかたくなるので食べきれない分は冷凍するのがおすすめ。

冷凍

1個ずつ冷凍 | そのまま

保存期間 **3～4週間**

(生菓子)
つぶさないように1個ずつラップで包み、冷凍用保存袋に入れて冷凍する。

(大福)
1個ずつラップでぴっちり包み、冷凍用保存袋に入れて冷凍する。表面がくっつくようなら上新粉や片栗粉をまぶしてから包む。

(ようかん)
開封後は食べやすい厚さに切って1切れずつラップでぴっちり包み、冷凍用保存袋に入れて冷凍する。

(カステラ)
1切れずつラップでぴっちり包み、冷凍用保存袋に入れて冷凍する。

(解凍方法) 室温

MEMO 電子レンジ解凍はNG
あん入りの和菓子は電子レンジ解凍するとあんがかたくなるので避けましょう。大福はかたければ焼いても。だんごは冷凍するとかたくなるので、避けたほうが無難です。

クッキー生地

冷凍

棒状にして冷凍 | そのまま

保存期間 **3～4週間**

クッキー生地を棒状にまとめ、ラップでぴっちり包み、冷凍用保存袋に入れて冷凍する。バターを使っているため酸化しやすいので、しっかり空気を抜いて密封する。

(解凍方法) 室温 冷蔵庫

MEMO 使うときは半解凍で
クッキー生地は少し凍っていたほうが扱いやすいので、半解凍でのばしたり切ったりして使いましょう。

パイ生地

冷凍

使いやすくまとめて冷凍 | そのまま

保存期間 **3～4週間**

パイ生地を円形、長方形などあとでのばしやすい形にまとめ、ラップでぴっちり包み、冷凍用保存袋に入れて冷凍する。

(解凍方法) 室温 冷蔵庫

MEMO 解凍後の生地は冷やしながら作業
解凍後、生地をのばしているうちにやわらかくなりすぎたら、ラップをかけてしばらく冷蔵室に置き、少し固めるとのばしやすくなります。

PART 3 素材別冷蔵・冷凍法 卵・乳・加工品

スコーン・クッキー、せんべい・ホットケーキ・クレープ・和菓子・クッキー生地・パイ生地

（おかず） # から揚げ

冷蔵

(保存方法)

保存期間 **2日**

密閉容器に入れる

密閉容器に入れる
密閉容器に入れて冷蔵室で保存する。食べるときは電子レンジで加熱する。

冷凍

保存袋に入れて冷凍 | そのまま

保存期間 **3～4週間**

油をよくきって冷ましてから、冷凍用保存袋に重ならないように入れて冷凍する。

(解凍方法)
冷蔵庫　電子レンジ　凍ったまま調理

(活用メモ)
濃いめのたれにつけて丼にしたり、あんかけや卵とじにしたりしてアレンジ！

> **おにぎりにして冷凍しても** MEMO
> から揚げを小さく切っておにぎりの具にして握り冷凍しても。1個ずつラップでぴっちり包み、冷凍用保存袋に入れて冷凍します。電子レンジで解凍すれば、手軽にボリュームのある軽食がとれます。

（おかず） # とんかつ、フライ

冷蔵

(保存方法)

保存期間 **2日**

密閉容器に入れる

密閉容器に入れる
密閉容器に入れて冷蔵室で保存する。食べるときは電子レンジで加熱する。

冷凍

1枚ずつ冷凍 | そのまま

保存期間 **3～4週間**

油をよくきって冷ましてから、1枚ずつラップでぴっちり包み、冷凍用保存袋に入れて冷凍する。

(解凍方法)
電子レンジ

> **オーブンでサクサクに** MEMO
> 解凍するときはラップをかけずに電子レンジで半解凍し、オーブントースターで焼きましょう。フライは半解凍したら、油を引いたフライパンで弱火でじっくり温めてもよいでしょう。

サンドイッチにして冷凍 |調理|

保存期間 2～3週間

1

とんかつはバターをぬったパンにのせ、もう1枚のパンをのせてはさむ。好みでソースをかけても。

2

食べやすい大きさに切り分け、1つずつラップでぴっちり包む。冷凍用保存袋に入れて冷凍する。

海老フライはバターをぬったパンにのせてソースをかけ、手前からラップごと巻く。

(解凍方法)

室温

MEMO 完全に解凍してからラップを外す

サンドイッチは完全に解凍してからラップを外しましょう。結露でパンがべちゃっとするのを防げます。

(おかず) てんぷら

冷蔵

(保存方法)

保存期間 2日

密閉容器に入れる

密閉容器に入れる

密閉容器に入れて冷蔵室で保存する。食べるときは電子レンジで加熱する。

冷凍

1個ずつ冷凍 | そのまま |

保存期間 3～4週間

油をよくきって冷ましてから、1個ずつラップでぴっちり包み、冷凍用保存袋に入れて冷凍する。

(解凍方法)

電子レンジ

(おかず) 春巻き

冷蔵

(保存方法)

保存期間 2日

ラップをかける

ラップをかける

耐熱皿にのせてラップをぴっちりかけ、冷蔵室で保存する。食べるときは電子レンジで加熱する。

冷凍

1本ずつ冷凍 | そのまま |

保存期間 3～4週間

油をよくきって冷ましてから、1個ずつラップでぴっちり包み、冷凍用保存袋に入れて冷凍する。

(解凍方法)

電子レンジ

PART 3 素材別冷蔵・冷凍法 卵・乳・加工品 から揚げ・とんかつ、フライ・てんぷら・春巻き

（おかず）ハンバーグ

冷蔵

(保存方法)

 +
ラップで包む　保存袋に入れる

保存期間 **2日**

ラップで包む
調理済みのハンバーグは1個ずつラップでぴっちり包んで保存袋に入れ、冷蔵室で保存する。食べるときは電子レンジで加熱する。

冷凍

1個ずつ冷凍 ｜そのまま

保存期間 **3〜4週間**

冷ましてから、1個ずつラップでぴっちり包み、冷凍用保存袋に入れて冷凍する。

(解凍方法)
電子レンジ

MEMO
焼きなおしても美味しい
ハンバーグが凍ったままフライパンで焼きなおしてもおいしくいただけます。

煮込んで冷凍 ｜調理

保存期間 **2〜3週間**

1

ハンバーグをデミグラスソースやトマトソースで煮込む。好みでにんじんや玉ねぎを加えてもよい。

2

冷ましてから、1食分ずつ冷凍用保存袋に入れる。

3

薄く平らにして冷凍する。

(解凍方法)
電子レンジ

MEMO
湯せんで温めてもOK
煮込んだハンバーグは、レトルト食品の要領で、袋ごと沸騰した湯につけて温めてもよいでしょう。取り出して鍋で温める場合は、流水解凍か電子レンジ解凍で半解凍してから鍋に入れましょう。

（おかず）シュウマイ

冷蔵

保存方法

保存期間 2日

ラップで包む

調理済みのシュウマイは乾燥しないようにラップでぴっちり包んで冷蔵室で保存する。

冷凍

生シュウマイをばら冷凍 | そのまま

保存期間 2〜3週間

加熱調理するだけのところまで作り、片栗粉を広げたトレーにくっつかないように並べ、ラップをかけて冷凍する。凍ったら冷凍用保存袋に入れる。

解凍方法
電子レンジ　凍ったまま調理

蒸して冷凍 | 調理

保存期間 3〜4週間

シュウマイを蒸して冷ましてから、1回に食べられる分量に小分けしてラップでぴっちり包み、冷凍用保存袋に入れて冷凍する。

解凍方法
電子レンジ　凍ったまま調理

> **MEMO**
> **用途に合わせて解凍を**
> 蒸したシュウマイは凍ったまま再度蒸すか、凍ったまま揚げて揚げシュウマイにしてもよいでしょう。電子レンジ解凍するときは、表面に霧を吹く、または酒を少々ふりかけ、ラップの一部をあけて加熱するとふっくら仕上がります。

（おかず）ギョウザ

冷蔵

保存方法

保存期間 2日

ラップで包む

調理済みのギョウザは乾燥しないようにラップでぴっちり包んで冷蔵室で保存する。

冷凍

保存期間 2〜3週間

生ギョウザをばら冷凍 | そのまま

加熱調理するだけのところまで作り、片栗粉を広げたトレーにくっつかないように並べ、ラップをかけて冷凍する。凍ったら冷凍用保存袋に入れる。

解凍方法
凍ったまま調理

> **活用RECIPE**
> **ギョウザスープ**
>
> **材料（2人分）**
> 冷凍ギョウザ…8個
> 冷凍きのこミックス（→p.77）…100g
> 冷凍にんじん（短冊切りにしてゆでたもの→p.95）
> 　…80g
> 水…2と½カップ
> 顆粒鶏ガラスープの素…小さじ1と½
> しょうゆ…小さじ1強
> 塩、こしょう…各少々
>
> 1　鍋に分量の水と鶏ガラスープの素を入れて熱し、ギョウザを凍ったまま加えて中火で煮る。
> 2　きのこ、にんじんを凍ったまま加えてさらに煮て、しょうゆ、塩、こしょうで味を調える。

（おかず）カレー、シチュー

冷蔵

(保存方法)

 密閉容器に入れる
 ラップをかける

保存期間 2日

密閉容器に入れる
密閉容器に入れるか、ラップをぴっちりかけて密閉し、冷蔵室で保存する。翌日には食べきる。

冷凍

小分けして冷凍　|そのまま|

保存期間 3〜4週間

冷ましてから、冷凍用保存袋に1食分ずつ入れ、じゃがいもをつぶす（取り除いてもよい）。薄く平らにして冷凍する。

解凍方法
 室温
 冷蔵庫
 電子レンジ

MEMO
解凍は加熱ムラを防ぐため、様子を見ながら少しずつ加熱を。油脂が多く高温になるため、解凍後温めるときは、必ず耐熱容器に移し替えます。

活用RECIPE

カレーチーズホットサンド

材料（2人分）
冷凍カレー…½食分：電子レンジ解凍する
サンドイッチ用食パン…4枚
ピザ用チーズ…大さじ2〜3

1. 食パン2枚のふちに指で水を少量つけ、カレーをのせてピザ用チーズを散らす。残りのパンではさみ、ふちを指で押さえてとめる。
2. オーブントースターで焼き、器に盛る。

ポットパイ用に冷凍　|調理|

保存期間 3〜4週間

1

1人分の量が入る耐熱容器にシチューを入れ、冷凍する。

2

食べるときは電子レンジで半解凍し、冷凍パイシートをかぶせる。

3

200℃のオーブンかオーブントースターで10分ほどこんがりと焼く。オーブントースターの場合は、焦げてきたらアルミ箔をかぶせる。

(解凍方法)

電子レンジ

MEMO シチューのリメイクいろいろ
オムライスやハンバーグのソースにしたり、ご飯にかけてドリアのソースにしたりしてもおいしくいただけます。

（軽食）サンドイッチ

冷蔵

(保存方法) ラップをかける ＋ 密閉容器に入れる

ラップで包み密閉容器に入れる
1個ずつラップでぴっちり包んで密閉容器か保存袋に入れ、冷蔵室で保存する。

保存期間 **早めに**

冷凍

1個ずつ冷凍 | そのまま

保存期間 **2〜3週間**

具が冷凍できる食材であれば、丸ごと冷凍が可能。適宜食べやすい大きさに切り、1個ずつラップでぴっちり包み、冷凍用保存袋に入れて冷凍する。

(解凍方法)

室温

MEMO 野菜サンドの冷凍は避けて
野菜は水が出やすいので避けたほうがよいでしょう。ゆで卵も食感が変わります。薄いオムレツや薄焼き卵はOKです。

（軽食）中華まん

冷蔵

(保存方法) ラップで包む

ラップで包む
1個ずつラップでぴっちり包み冷蔵室で保存する。

保存期間 **2日**

冷凍

1個ずつ冷凍 | そのまま

保存期間 **3〜4週間**

冷ましてから、1個ずつラップでぴっちり包んで冷凍用保存袋に入れて冷凍する。

(解凍方法)

凍ったまま調理　（凍ったまま少し長めに蒸す）

MEMO 中華まんを美味しく解凍
中華まんは蒸すのが一番おすすめですが、めんどうなときは霧を吹いてからラップをかけ、ラップの一部をあけて電子レンジで加熱しても。市販されている専用の電子レンジ加熱容器を利用してもよいでしょう。

（軽食）ピザ

冷蔵

(保存方法) ラップで包む

ラップで包む
1切れずつラップでぴっちり包み冷蔵室で保存する。

保存期間 **2日**

冷凍

1個ずつ冷凍 | そのまま

保存期間 **3〜4週間**

冷凍に向かない食材があればトッピングから取り除き、1切れずつラップでぴっちり包んでから冷凍用保存袋に入れて冷凍する。

(解凍方法)

冷蔵庫　電子レンジ

PART 3 素材別冷蔵・冷凍法 **卵・乳・加工品**

カレー、シチュー・サンドイッチ・中華まん・ピザ

食材名索引 (50音順)

食材別のおすすめの冷蔵・冷凍保存、解凍方法の一覧です。
詳しくは掲載ページをご覧ください。

※「そのまま」は素材を加熱、下味等の下ごしらえをせずそのまま冷凍することをさします。切り分ける、スジを切る、内臓を取り除くなどの下処理をした後、生の状態のままで冷凍する場合も含みます。
※「下ごしらえをして」は加熱、味つけ、半調理、調理などをしてから冷凍することをさします。
※ここで紹介している保存・解凍方法は可能なものであり、前のページで紹介しきれなかったものも含まれています。

	掲載ページ	食材名	常温	冷蔵		冷蔵 特別低温室		冷凍 (-18℃)		解凍				
				野菜室	冷蔵室	チルド室	パーシャル室	そのまま	下ごしらえ(加熱、下味など)をして	冷蔵庫解凍	流水解凍	室温解凍	電子レンジ解凍	凍ったまま調理または食べる
あ	171	アーモンド	●		●			●				●		●
	114	合いびき肉			●	●	●	●	●	●	●		●	
	104	青じそ		●										
	142	あさり(殻つき)			●			●		●				●
	142	あさり(むき身)			●			●		●				●
	135	あじ			●	●	●	●	●	●			●	
	152	あじ(干物)			●	●	●	●		●		●		●
	72	アスパラガス		●				●						●
	159	厚揚げ			●			●	●	●				●
	153	あなご			●			●	●	●				●
	160	油揚げ			●			●	●	●				●
	110	アボカド	●		●			●						●
	172	アンチョビ			●			●						●
い	139	いか			●	●	●	●	●	●	●			●
	154	いくら			●	●		●		●				●
	110	いちご	●	●				●						●
	163	いなりずし						●	●	●			●	
	137	いわし			●	●	●	●	●	●			●	
う	174	ウーロン茶(茶葉)	●		●							●		
	72	うど		●				●						●
	166	うどん(乾)	●											
	166	うどん(ゆで)			●			●						
	153	うなぎ			●			●		●			●	
え	99	えだまめ		●				●			●			●
	76	えのきたけ		●				●						●
	140	えび			●	●	●	●	●	●	●		●	●

掲載ページ	食材名	常温	冷蔵					冷凍 (-18℃)		解凍				
			野菜室	冷蔵室	特別低温室		そのまま	下ごしらえ (加熱、下味 など)をして	冷蔵庫解凍	流水解凍	室温解凍	電子レンジ解凍	凍ったまま調理または食べる
					チルド室	パーシャル室							
76	エリンギ		●				●	●				●	●
172	オイスターソース			●									
161	おから			●			●		●		●		
73	オクラ			●				●					●
111	オレンジ	●	●				●	●				●	●
73	かいわれだいこん			●									
143	かき(殻つき)			●									
143	かき(むき身)			●				●	●	●			
128	かじきまぐろ			●	●	●		●	●	●			
171	カシューナッツ	●		●			●						●
177	カステラ	●		●			●						●
154	かずのこ			●	●		●		●	●			
167	片栗粉	●		●			●						●
144	かつお(刺し身)			●	●	●	●	●	●	●			
141	かに(ゆで)				●	●	●	●	●	●			
74	かぶ			●				●	●				●
75	かぼちゃ	●		●			●	●	●				●
155	かまぼこ			●			●		●				●
148	カマンベールチーズ			●			●		●				
178	から揚げ			●			●		●				●
98	カリフラワー			●				●					●
182	カレー			●			●		●				●
172	カレー粉	●		●									
172	カレールウ			●									
111	かんきつ類	●	●				●	●				●	●
168	かんぴょう	●		●				●					●
159	がんもどき			●	●		●		●				●
111	キウイ	●	●					●					●
104	木の芽						●						●
78	キャベツ		●				●	●	●	●	●		●
120	牛厚切り肉			●	●	●	●	●	●	●			●
115	牛薄切り肉			●	●	●	●	●	●	●		●	●
121	牛角切り肉			●	●	●	●	●	●	●		●	●
119	牛かたまり肉			●	●	●	●	●	●	●			●
116	牛こま切れ肉			●	●	●	●	●	●	●			●

掲載ページ	食材名	常温	冷蔵				冷凍 (-18℃)		解凍				
			野菜室	冷蔵室	チルド室	パーシャル室	そのまま	下ごしらえ（加熱、下味など）をして	冷蔵庫解凍	流水解凍	室温解凍	電子レンジ解凍	凍ったまま調理または食べる
120	牛ステーキ肉			●	●	●	●	●	●	●	●		
147	牛乳			●				●	●	●	●		
114	牛ひき肉			●			●	●	●	●	●		●
79	きゅうり		●										
181	ギョウザ			●			●		●				●
167	餃子の皮			●			●		●				
168	切り干し大根	●											
129	きんめだい			●	●	●		●	●	●			
176	クッキー	●		●			●		●				
177	クッキー生地												
148	クリームチーズ			●									
100	グリーンピース		●					●	●		●		
171	くるみ	●		●			●		●				
176	クレープ												
111	グレープフルーツ	●	●				●		●				
79	クレソン		●										
168	削り節			●									
174	紅茶（茶葉）	●					●		●				
174	コーヒー（豆、粉）	●					●		●				
80	ゴーヤ			●			●	●	●	●	●		●
174	ココア（粉）	●		●									
148	粉チーズ			●									
162	ごはん						●	●				●	●
80	ごぼう	●	●				●		●				
171	ごま	●		●			●					●	●
70	小松菜			●				●	●	●			●
167	小麦粉	●											
163	米	●		●									
168	昆布（乾）	●					●						●
130	さけ			●	●	●	●	●	●	●		●	
172	酒（料理酒）	●											
155	さつま揚げ			●			●	●	●			●	●
81	さつまいも	●	●				●	●				●	●
82	さといも	●					●		●			●	
172	砂糖	●											

掲載ページ	食材名	常温	野菜室	冷蔵室	チルド室	パーシャル室	そのまま	下ごしらえ(加熱、下味など)をして	冷蔵庫解凍	流水解凍	室温解凍	電子レンジ解凍	凍ったまま調理または食べる
131	さば			●	●	●	●	●	●	●	●	●	●
101	さやいんげん		●				●	●				●	●
101	さやえんどう		●				●	●				●	●
183	サンドイッチ			●			●		●		●		
135	さんま			●	●	●	●	●	●	●	●	●	●
76	しいたけ(生)			●			●		●			●	●
170	しいたけ(干し)	●					●				●		
172	塩	●											
97	ししとう			●			●	●	●			●	●
143	しじみ			●			●	●	●				●
152	ししゃも(干物)			●	●	●	●	●	●			●	●
182	シチュー			●			●		●			●	●
76	しめじ		●				●		●			●	●
83	じゃがいも	●	●				●	●	●			●	●
181	シュウマイ			●			●		●			●	●
70	春菊		●				●	●	●			●	●
105	しょうが			●			●	●	●			●	●
172	しょうゆ	●		●									
153	しらす			●	●	●	●		●				●
172	酢	●		●									
176	スコーン			●			●				●		●
154	筋子			●	●	●	●		●				●
101	スナップえんどう		●				●	●		●		●	●
175	スポンジケーキ			●			●				●		●
153	スモークサーモン			●			●				●		
148	スライスチーズ			●			●						●
157	すり身			●			●		●			●	●
84	せり		●										
84	セロリ		●				●					●	●
176	せんべい	●		●			●				●		
172	ソース			●									
151	ソーセージ			●	●		●	●	●			●	●
166	そば(乾)	●											
166	そば(ゆで)			●			●						●
100	そらまめ		●					●				●	●

	掲載ページ	食材名	常温	冷蔵		冷蔵 特別低温室		冷凍 (-18℃)		解凍				
				野菜室	冷蔵室	チルド室	パーシャル室	そのまま	下ごしらえ(加熱、下味など)をして	冷蔵庫解凍	流水解凍	室温解凍	電子レンジ解凍	凍ったまま調理または食べる
た	144	たい(刺し身)			●	●	●	●	●	●				
	86	だいこん		●				●	●			●	●	●
	177	大福	●					●				●		
	163	炊き込みご飯			●			●					●	
	87	たけのこ(水煮)			●			●					●	●
	141	たこ			●	●	●	●	●	●	●		●	
	173	だし(液体)			●									
	173	だし(素)	●											
	146	卵			●									
	88	玉ねぎ	●	●				●				●	●	●
	132	たら			●	●	●	●	●	●			●	
	154	たらこ			●	●	●	●	●	●			●	
	175	タルト			●			●					●	
ち	175	チーズケーキ			●	●		●					●	
	155	ちくわ			●			●					●	
	163	チャーハン			●			●					●	
	183	中華まん			●			●					●	
	166	中華麺			●			●					●	
	153	ちりめんじゃこ			●	●		●						
つ	173	ツナ(缶詰)			●			●		●		●	●	
	157	つみれ			●			●					●	
て	179	てんぷら			●			●					●	
と	172	豆板醤			●									
	158	豆腐			●			●						
	89	とうもろこし		●	●				●			●	●	●
	90	トマト	●	●				●	●		●			●
	172	トマトケチャップ			●									
	173	トマトソース(缶詰)			●			●		●			●	
	173	トマトの水煮			●									
	172	トマトピューレ			●			●		●				
	124	鶏ささみ			●	●	●	●	●	●			●	
	126	鶏手羽肉			●	●	●	●	●	●			●	
	114	鶏ひき肉			●	●	●	●	●	●			●	
	122	鶏むね肉			●	●	●	●	●	●			●	
	122	鶏もも肉			●	●	●	●	●	●			●	

掲載ページ	食材名	常温	野菜室	冷蔵室	チルド室	パーシャル室	そのまま	下ごしらえ(加熱、下味など)をして	冷蔵庫解凍	流水解凍	室温解凍	電子レンジ解凍	凍ったまま調理または食べる
178	とんかつ			●			●					●	●
91	長いも	●	●				●		●	●	●	●	●
92	長ねぎ	●	●				●						●
93	なす	●	●					●	●		●	●	●
161	納豆			●			●						
111	夏みかん	●	●				●		●				●
177	生菓子(和菓子)	●											
149	生クリーム			●			●		●				
76	なめこ			●			●						
155	なると			●	●							●	
169	煮干し	●		●			●						
174	日本酒	●											
94	にら			●			●						●
94	にんじん			●			●						●
105	にんにく			●			●						●
95	にんにくの芽			●				●					●
169	のり	●		●									
106	ハーブ(タイムなど)			●			●						●
175	パイ			●			●				●	●	
177	パイ生地						●		●			●	
112	パイナップル	●	●				●		●				●
175	パウンドケーキ			●			●					●	
96	白菜			●			●						●
165	パスタ	●					●		●				●
106	パセリ			●									
149	バター			●			●		●				●
112	バナナ	●					●						●
142	はまぐり(殻つき)			●			●		●				●
142	はまぐり(むき身)			●			●						●
150	ハム			●	●		●					●	
179	春巻き			●			●					●	
167	春巻きの皮			●			●						●
164	パン	●					●		●			●	●
167	パン粉(乾)			●			●						
167	パン粉(生)			●			●						●

	掲載ページ	食材名	常温	冷蔵		冷蔵 特別低温室		冷凍 (-18℃)		解凍				凍ったまま調理または食べる
				野菜室	冷蔵室	チルド室	パーシャル室	そのまま	下ごしらえ(加熱、下味など)をして	冷蔵庫解凍	流水解凍	室温解凍	電子レンジ解凍	
	92	万能ねぎ		●				●						●
	180	ハンバーグ			●			●	●				●	
	157	はんぺん			●	●		●						●
ひ	97	ピーマン		●				●	●			●		
	183	ピザ			●			●						
	148	ピザ用チーズ			●			●		●				
	169	ひじき(乾)	●		●			●						
	163	ピラフ			●			●						
	133	ひらめ			●	●	●	●		●				
ふ	170	麩(乾)	●					●						
	170	麩(生)			●			●		●				
	98	ふき		●				●						
	120	豚厚切り肉			●	●	●	●	●	●			●	
	115	豚薄切り肉			●	●		●	●	●			●	
	121	豚角切り肉			●	●		●	●	●			●	
	119	豚かたまり肉			●	●		●	●	●			●	
	116	豚こま切れ肉			●	●		●	●	●			●	
	114	豚ひき肉			●	●		●	●	●			●	
	112	ぶどう	●	●				●	●			●		
	178	フライ			●			●						
	134	ぶり			●	●	●	●	●	●			●	
	113	ブルーベリー	●	●				●	●			●		
	148	プロセスチーズ			●			●						
	98	ブロッコリー		●				●	●			●		
へ	150	ベーコン			●	●		●				●		
ほ	70	ほうれん草		●				●				●		●
	144	ほたて			●	●		●		●	●			
	152	ほっけ(干物)			●	●		●				●		
	176	ホットケーキ			●			●				●	●	
	173	ホワイトソース(缶詰)			●			●		●		●		
ま	149	マーガリン			●			●	●					●
	76	まいたけ		●				●				●		
	144	まぐろ(刺し身)			●	●	●	●	●					
	76	マッシュルーム		●				●				●		
	76	まつたけ		●					●	●				

掲載ページ	食材名	常温	野菜室	冷蔵室	チルド室	パーシャル室	そのまま	下ごしらえ(加熱、下味など)をして	冷蔵庫解凍	流水解凍	室温解凍	電子レンジ解凍	凍ったまま調理または食べる
174	抹茶(粉)	●		●			●			●			
136	豆あじ			●	●	●	●	●	●	●	●	●	
172	マヨネーズ			●									
173	ミートソース(缶詰)			●			●		●		●	●	
111	みかん	●	●										●
102	水菜			●				●		●			
172	みそ			●									
106	みつば			●				●					
107	みょうが			●			●						●
172	みりん	●											
172	みりん風調味料	●		●									
174	麦茶(粒)	●								●			
154	明太子			●	●	●	●		●				
171	もずく			●			●						●
163	もち			●	●	●	●	●	●	●	●	●	
102	もやし		●	●			●						●
103	モロヘイヤ			●				●				●	
91	山いも	●	●										
111	ゆず	●	●										
161	ゆば(生)			●			●		●				
177	ようかん	●					●			●			
147	ヨーグルト(加糖)			●	●								●
147	ヨーグルト(プレーン)			●									
113	ラズベリー	●					●						●
127	ラム肉			●	●	●	●	●	●	●			
174	緑茶(茶葉)	●		●			●			●			
113	りんご	●	●				●						
127	レバー			●				●				●	
111	レモン	●	●				●			●			●
103	れんこん	●	●				●					●	
174	ワイン	●		●									
138	わかさぎ			●	●		●	●	●				
171	わかめ(塩蔵)			●			●			●			●
92	わけぎ		●										●
107	わさび			●			●						●

監修者
牧野直子（まきの・なおこ）

管理栄養士、ダイエットコーディネーター、料理研究家。スタジオ食代表。わかりやすくていねいな指導と、作りやすさを考えたレシピに定評がある。自身も冷凍したものを日々の食事作りに役立てている。書籍や雑誌、テレビ、講演会など、多方面で活躍中。著書・監修書に『アイデア満載！冷凍保存の便利帖』（池田書店）、『やせる！冷凍おかず』（主婦の友社）など多数。

STAFF

料理アシスタント	徳丸美沙・石垣晶子
写真	松林諒
スタイリング	片野坂圭子
デザイン	蓮尾真沙子（tri）
DTP	スタジオポルト
校正	みね工房
編集協力	株式会社童夢

冷凍・冷蔵がよくわかる
食材保存の大事典

監修者	牧野直子
発行者	池田士文
印刷所	大日本印刷株式会社
製本所	大日本印刷株式会社
発行所	株式会社池田書店
	〒162-0851　東京都新宿区弁天町43番地
	電話03-3267-6821（代）／振替00120-9-60072

落丁・乱丁はおとりかえいたします。
©K.K.Ikeda Shoten 2019, Printed in Japan
ISBN978-4-262-13045-3
本書のコピー、スキャン、デジタル化等の無断複製は著作権法上での例外を除き禁じられています。本書を代行業者等の第三者に依頼してスキャンやデジタル化することは、たとえ個人や家庭内での利用でも著作権法違反です。

19000007

＊本書は、弊社刊『節約＆かんたん　冷凍保存大事典』と『アイデア満載！冷凍保存の便利帖』を合わせ、リニューアルしたものです。